CB082187

A CULINÁRIA DO TOCANTINS

FLÁVIO FERRAZ

A CULINÁRIA DO TOCANTINS

Ilustração
ALICE TASSARA

Metalivros
São Paulo, 2024

AGRADECIMENTOS

Bárbara Corrales
Claudia Figaro Garcia
Mariana David
Maurício Lordes Pereira
Ricardo Costa Mesquita
Yvoty Macambira

CRÉDITOS EDITORIAIS

1ª edição · 2022
2ª edição · 2024

Projeto Editorial, Pesquisa e Texto
Flávio Ferraz

Ilustrações Especiais
Alice Tassara

Direção Editorial e Gráfica
Ronaldo Graça Couto

Direção de Arte e Diagramação
Katia Harumi Terasaka Aniya

Gerência Editorial e Gráfica
Bianka Tomie Ortega

Revisão de Texto
Ricardo Duarte

Secretaria Administrativa
Roberta Vieira

Impressão e Acabamento
Gráfica Printi, São Paulo

SUMÁRIO

PETISCOS

PRATOS PRINCIPAIS

ACOMPANHAMENTOS

DOCES

BISCOITOS

BOLOS

LICORES

APRESENTAÇÃO

Caçula da federação, o estado do Tocantins foi criado pela Assembleia Nacional Constituinte, em 1988, consolidando o antigo anseio de emancipação da então região norte de Goiás. Em 1990 seria inaugurada a capital, Palmas, cidade planejada e edificada a partir de um arrojado projeto arquitetônico e urbanístico assinado por Luís Fernando Cruvinel Teixeira e Walfredo Antunes de Oliveira Filho.

O então norte de Goiás já entrara no imaginário literário como cenário do romance *O tronco*, do escritor goiano Bernardo Élis, publicado em 1956. Acredita-se que a história ali narrada, com um fundo de verdade, tenha se passado no município de Dianópolis entre 1917 e 1918. O livro, que se tornou um sucesso nacional, mostra com maestria o funcionamento da sociedade coronelista, em que o proprietário de terras ditava a própria lei, exercendo seu poder mediante a violência perpetrada por jagunços até mesmo contra as forças oficiais, quando estas lhe eram adversas. No romance, o coronel Pedro Melo contraria-se com a intervenção do coletor Vicente Lemos, funcionário público, que denuncia ao governo de Goiás irregularidades na execução de um inventário ligado a sua família. Revoltado, o coronel manda incendiar a coletoria, o que acaba numa verdadeira guerra entre seus homens e as tropas oficiais enviadas da capital do estado, então Vila Boa, hoje cidade de Goiás.

Mais de meio século se passaria até que o norte de Goiás viesse a ser desmembrado. Naturalmente, os tempos mudaram. E, para além das mudanças daí decorrentes, a transformação em estado autônomo foi o motor de profundas alterações. Entre outros esforços necessários para sua consolidação como unidade da federação, foi preciso forjar uma identidade cultural própria. Nesse novo contexto, Tocantins vem tecendo paulatinamente sua personalidade, integrando elementos já existentes na condição pregressa, como parte do território goiano, aos que foi adquirindo no processo de afirmação.

Paralelamente ao rápido crescimento populacional, sobretudo da capital,[1] houve ampliação da infraestrutura e chegada de grandes investimentos. As influências de outras áreas do país fizeram-se sentir em diversos setores, inclusive na gastronomia, uma vez que as oportunidades oferecidas pelo novo estado, em franco desenvolvimento, atraíram pessoas das mais várias origens.

A riqueza natural tornou-se conhecida, sendo hoje uma enorme atração para os visitantes. O Parque Estadual do Jalapão, por exemplo, é considerado não apenas uma das mais belas paisagens do Brasil, mas também um verdadeiro santuário da vida silvestre e aquática, com espécies e ecossistemas que só existem lá. Já a cidade de Natividade, que tem o conjunto arquitetônico, urbanístico e paisagístico tombado pelo Instituto do Patrimônio Histórico e Artístico Nacional (Iphan) desde 1987, além de haver entrado no mapa do turismo por seu interesse histórico e pela cultura popular que ali sobrevive, é palco de uma das mais tradicionais festas do Divino Espírito Santo do país.

Localizado no coração do Brasil, o estado do Tocantins está quase integralmente inscrito no bioma do Cerrado, com áreas de transição para a Amazônia ao norte e com o Semiárido a leste. Ou seja, em seu território encontram-se paisagens naturais que vão desde a floresta tropical até o cerrado propriamente dito, o que se reflete sobre a cultura culinária local. Da abundância das águas fluviais do Cerrado, conhecido como a caixa d'água do Brasil, vem a riqueza dos peixes que caracterizam sua cozinha. Afinal, o estado é cortado de ponta a ponta por dois grandes rios, o Araguaia e o Tocantins, que nascem em Goiás e correm paralelos rumo ao

1. Apenas entre os anos de 1991 e 2000, a população de Palmas saltou de 24.261 para 130.528 habitantes. Em 2018 contavam-se ali 291.855 moradores. Já o estado do Tocantins, em 2019, teve a população estimada em 1.572.866 habitantes.

norte. Em suas águas vivem incontáveis espécies, como arraia, curimatá, dourado, filhote, mapará, pacu, pintado, pirarucu (ou pirosca), surubim, tambaqui e tucunaré.

A posição geográfica, por um lado, e a história de sua ocupação, por outro, fizeram da culinária do Tocantins uma verdadeira colcha de retalhos. Como ocorre em regra em todo o país, as influências indígena, portuguesa e africana compõem a base dos costumes alimentares. Há muita afinidade com a cozinha goiana, afinal até pouco tempo atrás formavam um único estado. Além disso, boa parte da cobertura vegetal original do Tocantins, assim como de Goiás, é constituída por espécies do cerrado. Entre a vasta quantidade de frutas e frutos nativos em comum, ressalta-se o pequi como um verdadeiro emblema da identidade dos sabores goiano e tocantinense, usado no arroz, na galinhada e em sorvetes, cremes e licores. O costume de preparar o peixe na telha bem como o gosto pela pamonha e pelos bolos à base de fubá de arroz também atestam os elos com a culinária de Goiás.

Para além das receitas genuinamente locais, Tocantins divide comidas e tradições com quase todas as regiões do Brasil. Mas cabe notar o interessante fato de que, ao receber de outras partes do país receitas e técnicas de cozinha, o engenho local não as assimila automaticamente na forma exata como elas se apresentam nas regiões de origem. As receitas acabam sofrendo alguma alteração em razão não só dos recursos disponíveis na nova terra, mas também da vocação e do gosto locais. Isso se vê em diversos pratos que hoje já se consideram típicos do estado, mais notadamente, por exemplo, no cuscuz, herdeiro da tradição paulista, no empadão, da goiana, no feijão tropeiro, da mineira, e na cabeça de galo, da nordestina. Todos eles ali ganharam outros ingredientes ou algum outro "jeitinho" de serem preparados.

Entre as comidas tocantinenses de raiz, contam-se vários pratos à base de peixe: a peixada clássica, que leva cenoura, e a variante feita com leite de coco babaçu; as moquecas, de inspiração nordestina; os assados, na folha de bananeira ou na telha. O arroz maria-isabel,[2] feito com carne de sol, é um dos pratos fortes do estado, sendo comum também na vasta área territorial

2. Também chamado de "arroz cirigado".

que engloba parte do Nordeste, principalmente Maranhão e Piauí, e a região Centro-Oeste. No Tocantins, além da fórmula clássica, o prato pode ganhar o acréscimo do pequi. A galinha ou o frango são preparados por meio de diversas receitas; as mais peculiares incluem o frango tostado (que tem a superfície caramelizada), o frango com pequi, a galinhada e o frango cozido no leite de coco babaçu. Mas o prato da tradição local, por excelência, talvez seja o popularíssimo chambari.[3] Além de frequentar as mesas das famílias, é consumido em restaurantes e bares e até vendido em barracas e carrinhos nas ruas da capital, além da movimentada feira da quadra 304 Sul, ponto imperdível da cidade para quem quiser conhecer os ingredientes da cozinha tocantinense.

A paçoca de carne de sol, à base de farinha de mandioca, é também uma comida que tem profundas raízes na tradição tropeira dos bandeirantes paulistas e mineiros.[4] A carne, misturada com farinha e socada no pilão, se transforma em alimento de fácil conservação, que ademais é prático para carregar, acondicionado em alforjes ou bruacas, ao longo dos trajetos que antigamente se percorriam a cavalo. Era, por excelência, o repasto do viajante. Essa tradição perdura em praticamente todo o Tocantins, mas é na cidade de Arraias, no sudeste do estado, que se sobressai. Ali foi criada a Associação das Paçoqueiras de Arraias, entidade que congrega as mulheres que trabalham na produção da paçoca e cuidam de manter o sabor tradicional do prato.

Nas cidades do interior, a comida segue em regra o trivial nacional, o que não impede que despontem pratos preferenciais, como a carne de panela, a asa de frango cozida, os acompanhamentos de jerimum (abóbora madura) e macaxeira (mandioca), além, é claro, do onipresente arroz com feijão, ao lado das já mencionadas maria-isabel e paçoca. Hoje, esse trivial de sabor local se valoriza diante dos visitantes, particularmente nos pequenos restaurantes na região do Jalapão, cada vez mais frequentada por turistas e viajantes de todo o mundo.

3. Corte da perna do boi que vem com o osso e o músculo que o reveste; também chamado "chambaril", é conhecido ainda pelo termo italiano *ossobuco*.

4. DÓRIA, Carlos Alberto; BASTOS, Marcelo Corrêa. *A culinária caipira da Paulistânia*: a história e as receitas de um modo antigo de comer. São Paulo: Três Estrelas, 2018.

Em Natividade, cidade histórica, ganhou fama o biscoitinho chamado "amor-perfeito", preparado com polvilho doce e leite de coco e moldado à moda de uma coroa, numa evocação ao império do Divino Espírito Santo. Entre os quitutes, contam-se os biscoitos à base de polvilho e os bolos diversos, à base de fubá de arroz, milho, farinha de babaçu, mandioca e queijo. Nessa área, o destaque na tradição local vai para o mangulão, um bolo de queijo genuinamente tocantinense.[5] Na cidade de Monte do Carmo e adjacências sobressaem-se o bolo borracha, feito com polvilho doce e leite de coco, e o bolo de fubá de arroz.

Dos produtos da terra, é obrigatório lembrar a guariroba,[6] palmito amargo, nativo do cerrado, que é um dos ingredientes clássicos do recheio do empadão, mas que também se come em saladas e na tigelada, uma espécie de suflê. O pequi,[7] como já vimos, entra no preparo de pratos salgados e doces. Extremamente aromático, esse fruto amarelo e arredondado empresta sua polpa para dar à comida um dos sabores mais característicos do cerrado. Do buriti,[8] uma espécie de coquinho, extraem-se óleo e farinha. É utilizado ainda em doces, cremes, sorvetes e geleias. O coco babaçu[9] é um produto cada vez mais apreciado. Além do uso de seu mesocarpo (amêndoa) em muitos pratos, dele se extrai um leite que hoje faz concorrência ao leite de coco convencional, retirado do coco-da-baía. O baru,[10] preciosa castanha do cerrado, de grande valor nutritivo, vem se tornando conhecido país afora, entrando no preparo de muitas receitas regionais, como o licor, que já se fabrica em escala industrial.

Os doces do Tocantins seguem a linha dos doces caseiros dos interiores do Brasil: doce de leite, ambrosia de laranja, doce de banana à moda local (feito com banana-da-terra), doce de batata-doce, buriti, caju, mamão, mangaba etc. A rapadura pode ser enriquecida com diversos ingredientes, como

5. Sobre a culinária de Natividade, ver o livro *ColeTânia: receitas tradicionais de Natividade*, de Tânia das Mercês Nunes Cerqueira (Palmas: Governo do Estado do Tocantins, 2022).

6. *Syagrus oleracea*, da família *Arecaceae*; também chamada de "gueroba" e "coco-amargoso", entre outros nomes.

7. *Caryocar brasiliense*, da família *Caryocaraceae*.

8. *Mauritia flexuosa*, da família *Arecaceae*.

9. *Attalea speciosa*, da família *Arecaceae*.

10. *Dipteryx alata*, da família *Fabaceae*.

gergelim, casca de laranja cristalizada, doce de mamão e até pimenta, dando origem às chamadas "rapadurinhas" caseiras, formatadas em pequenos tabletes. O brigadeiro pode levar milho verde em vez de chocolate, e a cocada ser incrementada com polpa de maracujá. E assim a doçaria vai inovando e criando novas tradições, em harmonia com aquilo que é nativo ou usual na terra.

Caju,[11] cajuí,[12] cagaita,[13] murici,[14] jenipapo,[15] mangaba,[16] entre muitos outros, são frutos que se prestam ao consumo *in natura*, mas que, além de empregados em doces, são matéria-prima para os licores caseiros, tão típicos da hospitalidade do interior do Brasil. Tomam parte, especialmente, da tradição de Natividade, onde são também comercializados. Na região do Jalapão, a cachaça ganha novos sabores com a infusão de abacaxi, murici, cajuí, jalapa,[17] e outros.

Despontam hoje no Tocantins iniciativas que visam ao resgate e à preservação das tradições culinárias locais. Entre elas, vale mencionar a Festa do Berarubu, realizada anualmente na Chácara do Limoeiro, no município de Tocantínia, sob a batuta do *chef* Célio Costa. Ali se conserva a tradição herdada dos índios xerentes, com o preparo desse prato cujo nome, na língua indígena, significa "comida enterrada". Trata-se da cabeça bovina assada em um buraco antes aquecido com lenha em brasa.[18]

Outra iniciativa relevante é o Festival Gastronômico de Taquaruçu, criado pela Prefeitura de Palmas, que se realiza anualmente desde 2007 no distrito que lhe dá o nome. Tem como objetivo a valorização dos ingredientes culinários regionais, que devem estar presentes nas receitas que con-

11. *Anacardium occidentale*, da família *Anacardiaceae*.

12. *Anacardium humile*, da mesma família do caju; também chamado de "cajuzinho-do-cerrado" ou "cajuzinho-do-campo", tem o fruto menor e mais ácido que o caju.

13. *Eugenia dysenterica*, da família *Myrtaceae*.

14. *Byrsonima crassifolia*, da família *Malpighiaceae*.

15. *Genipa americana*, da família *Rubiaceae*.

16. *Hancornia speciosa*, da família *Apocynaceae*.

17. *Ipomoea purga*, da família *Convolvulaceae*, é uma planta nativa do México e disseminada por diversas regiões do planeta, inclusive pelo Brasil. Utiliza-se seu tubérculo seco para decocção com fins medicinais. Seu emprego, entretanto, deve ser feito com cautela, uma vez que possui também propriedades tóxicas. Comum em algumas partes do Tocantins, empresta seu nome ao Jalapão.

18. MARCELLINI, Rusty; FERRAZ, Rodrigo. *Fartura*: Expedição Brasil Gastronômico. São Paulo: Melhoramentos, 2015. v. 3, p. 113.

correm ao prêmio em diferentes categorias. Desse modo, além de pôr em destaque os produtos regionais, incentivam-se o talento e a criatividade de cozinheiros e empreendedores da gastronomia local.[19] Mas a inovação vem também de outras fontes: usando ingredientes regionais na releitura de receitas estrangeiras, *chefs* de cozinha fizeram, por exemplo, uma versão do risoto italiano empregando chambari; já a espanhola *paella* trocou os frutos do mar por carne de sol, linguiça, lascas de chambari e pequi; e assim por diante.

Por fim, um trabalho de importância cultural e social é feito pela ONG Alternativas para a Pequena Agricultura no Tocantins (APA-TO), que, em parceria com a Associação Regional de Mulheres Trabalhadoras Rurais do Bico do Papagaio (Asmubip), publicou um livro de receitas preparadas a partir do coco babaçu.[20] Além de valorizar o árduo trabalho das mulheres que lidam com a extração do coco babaçu, a obra traz a experiência da ampliação do espectro de receitas que podem ser feitas com o mesocarpo (amêndoa) do fruto ou com o leite dele extraído.

No jovem estado do Tocantins, as tradições que remontam aos tempos em que a região era o norte de Goiás vão paulatinamente se somando a experiências inovadoras, que prestigiam os produtos e os cozinheiros da terra e, desse modo, contribuem para a afirmação de uma culinária que já pode ser, seguramente, chamada de "tocantinense".

Novembro de 2022.

19. Incluímos neste livro adaptações de três receitas premiadas no Festival Gastronômico de Taquaruçu: maria-isabel de pirarucu, pudim crocante de babaçu e bolo de farinha de babaçu com recheio de leite em pó.
20. MOTOKI, Carolina; ISHII, Selma Yuki. *Livro de receitas do babaçu*. Augustinópolis: APA-TO, 2014. Essa publicação foi realizada a partir do projeto Fortalecimento da Cadeia Produtiva do Babaçu da Região do Bico do Papagaio, que contou com o apoio financeiro de TFCA/Funbio/Ministério do Meio Ambiente e Misereor. Foram adaptadas para este livro quatro receitas presentes na obra citada: cabeça de galo no leite de coco babaçu, frango no leite de coco babaçu, cocadas de babaçu e bolo de farinha de babaçu.

PETISCOS

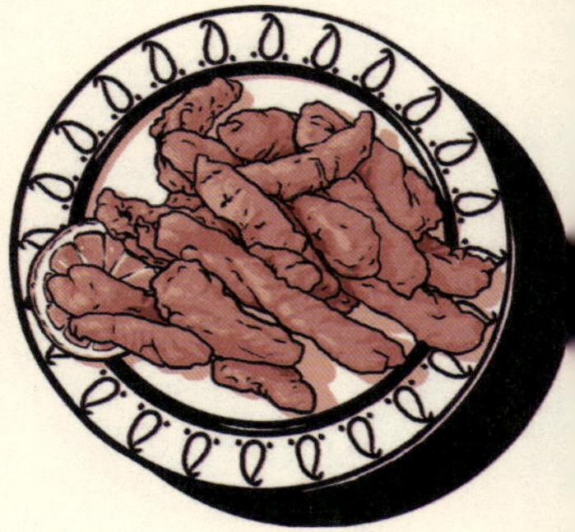

ISCAS DE TUCUNARÉ

• 6 porções •

Ingredientes

Para o molho

1 xícara (chá) de maionese
1 xícara (chá) de picles finamente picados
2 colheres (sopa) de cebola finamente picada
1 colher (sopa) de cebolinha picada
1 colher (chá) de mostarda
1 colher (sobremesa) de suco de limão
1 colher (chá) de açúcar
1 pitada de sal
Pimenta-do-reino moída a gosto

Para as iscas

500 g de filé de tucunaré cortado em tiras finas
Suco de ½ limão
2 dentes de alho amassados
Sal a gosto
1 colher (sopa) de azeite de oliva
½ xícara (chá) de farinha de trigo
½ xícara (chá) de maisena
Óleo para fritar, o suficiente para cobrir as tiras do filé de peixe

Preparo

Molho

Misturar bem todos os ingredientes.

Iscas

1. Temperar o peixe com o suco de limão, o alho, o sal e o azeite de oliva e deixar por 1 hora.
2. Num prato, misturar a farinha de trigo com a maisena.
3. Envolver os pedaços de peixe na mistura de farinha de trigo e maisena.
4. Numa frigideira grande, aquecer bem o óleo e fritar os pedaços de peixe.
5. Ao retirar as iscas de peixe da fritura, colocá-las sobre papel absorvente para retirar o excesso de óleo.
6. Servir com o molho.

PAMONHA SALGADA

• 12 unidades •

Ingredientes

12 espigas de milho verde
1 xícara (chá) de leite
Sal a gosto
½ xícara (chá) de banha de porco bem aquecida
300 g de linguiça cozida cortada em rodelas
300 g de queijo coalho cortado em cubinhos
Água, o suficiente

Preparo

1. Cortar a base das espigas de milho, retirar as palhas e reservá-las para embrulhar as pamonhas.
2. Limpar as espigas descascadas, retirando os "cabelinhos".
3. Com uma faca, cortar o milho rente ao sabugo.
4. Bater os grãos de milho no liquidificador com o leite. Coar numa peneira e desprezar o bagaço.
5. Numa vasilha, misturar o milho batido com o sal, a banha de porco, a linguiça e o queijo. Reservar.
6. Numa panela, colocar as palhas, cobrir com água e levar a ferver por 10 minutos. Escorrer e passar em água bem fria.
7. Sobrepor 2 palhas de milho em cruz e preencher a cavidade com 1 xícara (chá) do caldo reservado.
8. Dobrar à moda de um embrulho, fechando as pontas para dentro, e amarrar com um barbante ou tira da própria palha do milho.
9. Numa panela grande, aquecer uma quantidade de água que cubra as pamonhas.
10. Depois que a água levantar fervura, colocar as pamonhas e deixar cozinhar por aproximadamente 45 minutos, ou até que fiquem firmes.

PASTÉIS DE FRANGO COM PEQUI

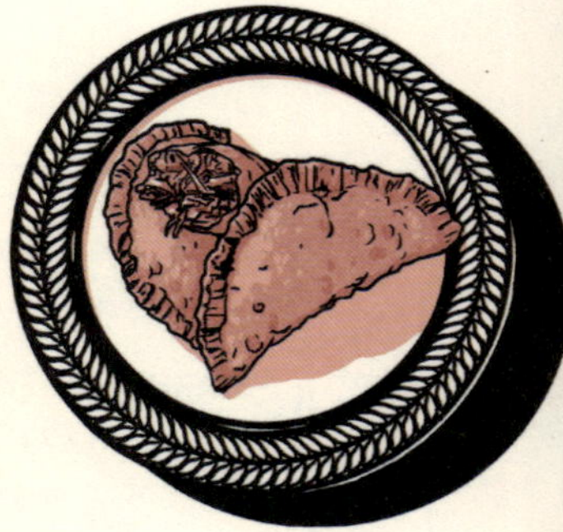

• 20 porções •

INGREDIENTES

Para a massa

500 g de farinha de trigo
2 ovos
2 colheres (sopa) de óleo
1 colher (sopa) de cachaça
1 colher (sopa) de sal dissolvido em um pouco de água morna (salmoura)
Óleo para fritar

Para o recheio

6 colheres (sopa) de óleo
3 cebolas cortadas em pedacinhos
3 dentes de alho amassados
1 kg de peito de frango
1 xícara (chá) de água fervente
1 tomate sem pele nem sementes, cortado em pedacinhos
½ xícara (chá) de polpa de pequi cortada em pedacinhos (pode ser em conserva)
Sal a gosto
1 colher (sobremesa) de açafrão--da-terra
½ xícara (chá) de cebolinha picada

PREPARO

Massa

1. Numa tigela grande ou sobre uma mesa de pedra ou fórmica, fazer um monte com a farinha de trigo, abrir um buraco no centro e jogar os ovos, o óleo, a cachaça e a salmoura.
2. Misturar tudo com as pontas dos dedos, amassando até formar uma massa lisa e consistente, boa para ser aberta e esticada com o rolo de pastel.
3. Deixar a massa descansar por 1 hora em uma vasilha coberta com um guardanapo de pano umedecido.
4. Dividir a massa em quatro partes. Sobre a mesa de pedra ou fórmica polvilhada com farinha de trigo, esticar cada parte com o rolo (também polvilhado com farinha) até obter uma camada fina.
5. Para que os pastéis tenham tamanho e formato semelhantes, é mais fácil usar um molde apropriado e cortar a massa em círculos de aproximadamente

10 cm de diâmetro. Também se pode usar para cortar os círculos uma xícara ou um copo virado de boca para baixo. Nesse caso, os pastéis ficam menores.

6. No centro de cada círculo de massa, colocar uma colherada do recheio, deixando sobrar uma borda para que o recheio não vaze.
7. Dobrar a massa por sobre o recheio de modo a cobri-lo e apertar as bordas com a ponta de um garfo para que a massa fique colada e bem fechada.
8. Juntar os pedaços de massa que forem sobrando para depois esticar novamente, repetindo o procedimento até finalizar.
9. Pôr os pastéis montados sobre uma mesa polvilhada com farinha de trigo para que não grudem uns nos outros.
10. Fritar os pastéis numa panela funda com bastante óleo bem quente. Manter na fritura até que fiquem dourados e crocantes.
11. Colocar os pastéis fritos sobre uma folha de papel absorvente para eliminar o excesso de gordura.

Recheio

1. Numa panela, aquecer o óleo e refogar a cebola e depois o alho.
2. Juntar o peito de frango e deixar dourar bem.
3. Adicionar a água e deixar no fogo até que o frango esteja cozido.
4. Desfiar os pedaços do frango e devolvê-los à panela.
5. Acrescentar o tomate, a polpa de pequi, o sal, o açafrão-da-terra e a cebolinha e deixar no fogo por mais 15 minutos aproximadamente. Reduzir bem o caldo, mas sem que a mistura fique muito seca.
6. Esperar esfriar e rechear os pastéis.

QUEIJO COALHO ASSADO

Ingredientes

Espetinhos de queijo coalho (em palitos de madeira)

Preparo

Na grelha da churrasqueira, colocar os espetinhos de queijo coalho.
À medida que forem derretendo, virá-los para que fiquem assados de modo homogêneo.
Se preferir assar no fogão, dispor os espetinhos numa assadeira antiaderente e levar ao forno preaquecido a 200 °C por cerca de 15 minutos, ou até que o queijo comece a derreter.

Sugestão

Há formas de enriquecer o sabor do queijo coalho. Logo depois de assado, pode-se salpicar orégano ou pimenta calabresa ou passar um fio de melado de cana sobre sua superfície.

PRATOS PRINCIPAIS

ARROZ COM PERNIL DE PORCO[21]

• 6 porções •

Ingredientes

Para o arroz com pernil

600 g de pernil de porco picado em cubos
8 colheres (sopa) de azeite de oliva
300 g de arroz
Sal a gosto
16 quiabos pequenos e bem verdes, sem a coroa
½ xícara (chá) de salsinha picada

Para a marinada

Suco de 1 limão
1 dose de cachaça branca
Sal a gosto
Pimenta-do-reino moída a gosto
1 pimenta-bode picada
2 colheres (sopa) de azeite de oliva

Para o caldo

2 l de água
1 cebola cortada em quartos
1 dente de alho descascado
1 abobrinha cortada em pedaços
2 cenouras descascadas e cortadas em pedaços
2 talos de salsão cortados em pedaços
1 pimenta-de-cheiro cortada ao meio
3 talos de cebolinha picada, com a parte branca incluída
1 colher (sopa) de pimenta-do-reino em grão

Preparo

1. Numa vasilha, colocar a carne junto com os ingredientes da marinada e deixar tomar tempero por cerca de 2 horas, mexendo de vez em quando.

21. Adaptação da receita original de Millena Barros. Cf. APRENDA o passo a passo da receita de arroz com pernil. *G1*, 11 jun. 2017. Disponível em: https://g1.globo.com/to/tocantins/noticia/aprenda-o-passo-a-passo-da-receita-de-arroz-com-pernil.ghtml. Acesso em: 27 nov. 2019.

2. Numa panela, levar a ferver a água com os ingredientes do caldo por cerca de 2 horas. Acrescentar água fervente à medida que o caldo for secando (o ideal é que, ao fim do cozimento, aproveite-se 1 litro do líquido). Coar o caldo numa peneira e desprezar os resíduos sólidos.
3. Em outra panela, aquecer o azeite e refogar os pedaços de carne, até que fiquem bem corados.
4. Juntar o caldo e deixar no fogo até que a carne esteja cozida.
5. Acrescentar o arroz, o sal e o quiabo e deixar cozinhar até que o arroz fique macio e quase seco.
6. Salpicar com a salsinha e retirar do fogo.

ASA DE FRANGO

• 4 porções •

Ingredientes

500 g de asas de frango
6 colheres (sopa) de vinagre de vinho tinto
Sal a gosto
Pimenta-do-reino moída a gosto
8 colheres (sopa) de óleo
1 cebola cortada em pedacinhos
2 dentes de alho amassados
2 tomates sem pele nem sementes, cortados em pedacinhos
½ xícara (chá) de cebolinha picada
Água fervente, o suficiente
½ xícara (chá) de salsinha picada

Preparo

1. Lavar as asas de frango e deixá-las por 1 hora numa marinada com o vinagre, o sal e a pimenta-do-reino, mexendo de vez em quando para o tempero pegar por igual na carne.
2. Numa panela, aquecer o óleo e refogar a cebola e depois o alho.
3. Juntar as asas de frango e refogar até que fiquem bem coradas.
4. Acrescentar o tomate, a cebolinha e, se necessário, sal; cobrir com água fervente e deixar no fogo até que as asas estejam cozidas.
5. Salpicar a salsinha e retirar do fogo.

Sugestão

Servir com arroz branco, feijão, macaxeira frita e jerimum cozido.

BERARUBU[22]

• 20 porções •

Ingrediente

1 cabeça de boi limpa: sem o couro, as orelhas e os olhos; com os chifres cortados; lavada com uma mangueira de pressão forte para que sejam retirados os vestígios de sangue de todas as cavidades. Não é necessário tempero algum.

Preparo

1. No local escolhido para o preparo, cavar no chão um buraco de aproximadamente 60 cm de diâmetro, com uma profundidade também de cerca de 60 cm.
2. Encher o buraco com pedaços de lenha em brasa e deixar por volta de 3 horas, a fim de que a temperatura local fique bem elevada.
3. Enrolar a cabeça de boi em papel-alumínio e depois em folhas de bananeira e colocá-la em um latão de alumínio.
4. Retirar as brasas do buraco, colocar o latão com a cabeça de boi e cobri-lo com terra misturada com as brasas.
5. Desenterrar a cabeça de boi após 12 horas. O cozimento lento fará com que a carne se desprenda facilmente dos ossos.

22. Receita baseada no preparo feito na Festa do Berarubu, organizada anualmente por Célio Costa na Chácara do Limoeiro, município de Tocantínia. Cf. MARCELLINI; FERRAZ, *op. cit.*, p. 113.

CABEÇA DE GALO NO LEITE DE COCO BABAÇU[23]

• 4 porções •

Ingredientes

400 g de amêndoas de coco babaçu
1 l de água
Sal a gosto
Pimenta-do-reino moída a gosto
1 cebola cortada em pedacinhos
1 xícara (chá) de cebolinha picada
2 ovos
1 xícara (chá) de salsinha picada

Preparo

1. No liquidificador, bater bem as amêndoas de coco babaçu com a água. Coar numa peneira e reservar a parte líquida, isto é, o leite de coco babaçu.
2. Numa panela, levar ao fogo o leite de coco babaçu com o sal, a pimenta-do-reino, a cebola e a cebolinha, até levantar fervura.
3. Acrescentar os ovos e deixar cozinhar por mais 10 minutos.
4. Salpicar a salsinha retirar do fogo.

23. Adaptação da receita original de Ana Maria, da Comunidade Olho d'Água, município de São Miguel do Tocantins. Cf. MOTOKI; ISHII, *op. cit.*, p. 48.

CARNE DE PANELA

• 6 porções •

Ingredientes

1 kg de carne bovina (coxão duro ou lagarto)
½ xícara (chá) de vinagre de vinho tinto
2 dentes de alho amassados
2 cebolas cortadas em pedacinhos
2 folhas de louro
Sal a gosto
Pimenta-do-reino moída a gosto
6 colheres (sopa) de óleo
Água, o suficiente

Preparo

1. Com uma faca de ponta, fazer vários furos na superfície da carne e, numa vasilha, deixá-la por 1 hora numa marinada com todos os ingredientes, menos o óleo e a água.
2. Numa panela de pressão, aquecer o óleo e dourar toda a superfície da carne.
3. Juntar o molho da marinada, cobrir com água e deixar cozinhar por cerca de 30 minutos, contados após o vapor começar a sair.
4. Destampar a panela, acrescentar água, se necessário, e manter no fogo até que a carne esteja bem cozida e o caldo bem reduzido. Corrigir o sal, se necessário.
5. Cortar a carne em fatias e regar com o molho que restou na panela.

Sugestão

Servir com arroz branco, feijão, uma verdura e um legume.

CHAMBARI

• 4 porções •

Ingredientes

4 chambaris (*ossobucos*)
Sal a gosto
Pimenta-do-reino moída a gosto
4 dentes de alho amassados
1 colher (sopa) de colorau
8 colheres (sopa) de azeite de oliva
1 cebola grande cortada em pedacinhos
2 tomates sem pele nem sementes, cortados em pedacinhos
½ pimentão verde cortado em pedacinhos
1 pitada de cominho
1 folha de louro
½ xícara (chá) de cebolinha picada
Água, o suficiente
½ xícara (chá) de salsinha picada
Farinha de mandioca crua

Preparo

1. Temperar o chambari com o sal, a pimenta-do-reino, o alho e o colorau e deixar por 1 hora.
2. Numa panela de pressão, aquecer o azeite e dourar a cebola.
3. Juntar o chambari e deixar corar toda a superfície.
4. Acrescentar o tomate, o pimentão, o cominho, o louro e a cebolinha, cobrir com água, tampar a panela e deixar cozinhar por 1 hora, contada após o vapor começar a sair.
5. Depois de aberta a panela, polvilhar a salsinha.
6. Servir em pratos fundos ou cumbucas, sobre uma cama de farinha de mandioca.

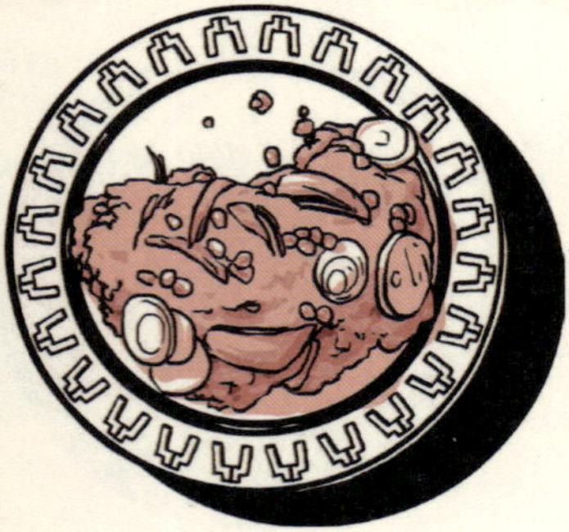

CUSCUZ TOCANTINENSE

• 15 porções •

INGREDIENTES

Para o caldo de legumes

1 cenoura descascada e cortada em pedaços
1 tomate cortado em quartos
2 talos de salsão picados
1 alho-poró cortado em rodelas
1 cebola cortada em quartos
1 dente de alho
2 pimentas-de-cheiro cortadas em pedaços
1 colher (sopa) de pimenta-do-reino em grão
1 maço de cebolinha (incluindo a parte branca)
1 maço de salsinha
2 folhas de louro
Água, o suficiente

Para o cuscuz

250 g de carne-seca (ver pré--preparo a seguir)
Azeite de oliva (bastante)
1 cebola picada
1 dente de alho picado
250 g de peito de frango cortado em cubinhos
3 tomates sem pele nem sementes, cortados em pedacinhos
½ xícara (chá) de purê de tomate
4 xícaras (chá) do caldo de legumes
Molho de pimenta-malagueta a gosto
Sal a gosto
150 g de linguiça de porco frita ou cozida, cortada em rodelas
100 g de ervilha em conserva
100 g de milho em conserva
100 g de palmito guariroba cozido e picado (pode ser outro tipo de palmito em conserva)
½ xícara (chá) de cebolinha picada
250 g de farinha de milho em flocos
150 g de queijo minas meia cura cortado em cubinhos
50 g de azeitonas verdes descaroçadas e picadas
½ xícara (chá) de salsinha picada

Para a montagem

3 ovos cozidos cortados em rodelas

Preparo

Caldo de legumes

1. Numa panela grande, juntar todos os ingredientes, cobrir com água e deixar cozinhar por 1 hora em fogo baixo, repondo água fervente à medida que o caldo for secando.
2. Coar numa peneira e desprezar a parte sólida.

Pré-preparo da carne-seca

1. Numa vasilha, cobrir a carne com água e deixar de molho para dessalgá-la por 12 horas. Trocar a água pelo menos 4 vezes. Escorrer e reservar.
2. Numa panela, aquecer ½ xícara (chá) de óleo e nela dourar 1 rodela de cebola e 1 dente de alho. Quando estiverem bem corados, dispensá-los.
3. Refogar no óleo quente a carne-seca, com uma pequena quantidade de sal, até que todos os cubinhos estejam bem corados e medianamente fritos. Retirar da panela e deixar sobre papel absorvente, a fim de eliminar o excesso de óleo.

Cuscuz

1. Levar uma panela de boca larga e grande ao fogo. Quando estiver aquecida, colocar uma boa quantidade de azeite e esperar que esquente.
2. No azeite quente, refogar a cebola e depois o alho, até que fiquem bem corados.
3. Acrescentar o frango e deixar corar.
4. Adicionar o tomate e o purê de tomate e esperar até ferver.
5. Regar com mais azeite e juntar o caldo de legumes, o molho de pimenta-malagueta e o sal e manter em fogo médio.
6. Quando o frango estiver cozido, juntar a carne-seca e a linguiça e deixar cozinhar por 5 minutos, contados após a mistura recomeçar a ferver.
7. Acrescentar a ervilha, o milho, o palmito e a cebolinha.
8. Despejar aos poucos a farinha de milho, mexendo energicamente, sem parar, até que ela esteja bem cozida. A massa deve soltar-se da panela, o que, no entanto, não significa que esteja pronta. É preciso provar para verificar se a farinha adquiriu o gosto de cozida. Se a massa estiver muito seca, hidratá-la com mais caldo de legumes.

9. Ao testar o ponto de cozimento, aproveitar para corrigir o sal, se necessário. Acrescentar também azeite, se a massa estiver ficando seca.
10. Um minuto antes de retirar a massa do fogo, adicionar o queijo, a azeitona e a salsinha. Se demorar mais que isso, o queijo pode ficar muito derretido, e a azeitona pode dar um gosto excessivo ao prato.

Montagem

1. Untar com azeite uma forma (com furo no meio) e dispor as rodelas dos ovos cozidos no fundo e nas laterais.
2. Preencher a forma com a massa do cuscuz, distribuindo-a e comprimindo-a com o auxílio de uma colher.
3. Depois de frio, virar o cuscuz sobre um prato de servir.

EMPADÃO TOCANTINENSE COM RECHEIO DE CARNE DE SOL

• 8 porções •

INGREDIENTES

Para a massa

500 g de farinha de trigo
1 colher (chá) de sal
1 colher (chá) de açúcar
125 g de manteiga amolecida
½ xícara (chá) de óleo
½ xícara (chá) de leite
½ xícara (chá) de água
1 ovo
1 colher (sopa) de fermento em pó

Para o recheio

4 colheres (sopa) de azeite de oliva
500 g de carne de sol dessalgada, cozida e desfiada
250 g de linguiça de porco frita ou assada, cortada em rodelas
½ xícara (chá) de cebolinha picada
500 g de queijo cremoso (tipo Catupiry)
200 g de palmito em conserva cortado em rodelas
100 g de azeitonas verdes pequenas sem o caroço
½ xícara (chá) de salsinha picada

Para a montagem

2 gemas

Preparo

Massa

1. Numa vasilha, misturar a farinha de trigo com o sal e o açúcar.
2. Em outra vasilha, misturar bem a manteiga, o óleo, o leite, a água e o ovo.
3. Juntar as duas misturas em uma só vasilha e mexer com as mãos, sem sovar.
4. Adicionar o fermento e misturar.
5. Deixar descansar por 30 minutos.

Recheio

1. Numa panela, aquecer o azeite e refogar a carne de sol.
2. Acrescentar a linguiça e metade da cebolinha e refogar mais.
3. Juntar o queijo cremoso e, mexendo sempre com uma colher de pau, deixar que derreta.
4. Adicionar o palmito, a azeitona, a outra metade da cebolinha e a salsinha, mexer por 1 minuto e retirar do fogo.

Montagem

1. Abrir a massa com um rolo apropriado e com ela fazer uma camada no fundo e nas paredes laterais de uma forma untada com azeite.
2. Colocar o recheio e cobrir com outra camada de massa.
3. Pincelar a superfície com as 2 gemas coadas numa peneira e assar em forno preaquecido a 180 °C por cerca de 30 minutos, ou até que o empadão esteja corado.

EMPADÃO TOCANTINENSE COM RECHEIO DE PEIXE

• 8 porções •

Ingredientes

Para a massa

500 g de farinha de trigo
1 colher (chá) de sal
1 colher (chá) de açúcar
125 g de manteiga amolecida
½ xícara (chá) de óleo
½ xícara (chá) de leite
½ xícara (chá) de água
1 ovo
1 colher (sopa) de fermento em pó

Para o recheio

1 kg de filé de pintado ou surubim cortado em cubos pequenos
Suco de 1 limão
Sal a gosto
Pimenta-do-reino moída a gosto
500 g de amêndoas de coco babaçu
500 ml de água
1 colher (sopa) de maisena
6 colheres (sopa) de azeite de oliva
1 cebola cortada em pedacinhos
1 dente de alho cortado em pedacinhos
2 tomates sem pele nem sementes, cortados em pedacinhos
2 xícaras (chá) de abóbora madura cozida e picada em pedaços
½ xícara (chá) de cebolinha picada
½ xícara (chá) de coentro picado
200 g de palmito em conserva
2 colheres (sopa) de queijo minas meia cura ralado
50 g de azeitonas verdes pequenas sem o caroço
½ xícara (chá) de salsinha picada

Para a montagem

2 gemas

Preparo

Massa

1. Numa vasilha, misturar a farinha de trigo com o sal e o açúcar.
2. Em outra vasilha, misturar bem a manteiga, o óleo, o leite, a água e o ovo.
3. Juntar as duas misturas em uma só vasilha e mexer com as mãos, sem sovar.
4. Adicionar o fermento e misturar.
5. Deixar descansar por 30 minutos.

Recheio

1. Numa vasilha, deixar o peixe no tempero com o suco de limão, o sal e a pimenta-do-reino por meia hora.
2. No liquidificador, bater as amêndoas de coco babaçu com 500 ml de água por 1 minuto. Coar numa peneira e desprezar o bagaço.
3. Adicionar a maisena, mexer bem e passar novamente pela peneira. Reservar.
4. Numa panela, aquecer o azeite e refogar a cebola e depois o alho.
5. Acrescentar o tomate, a abóbora, a cebolinha, o coentro e o sal e deixar no fogo até que a abóbora fique macia.
6. Juntar o leite de coco babaçu e o peixe e deixar cozinhar por cerca de 10 minutos, ou até que o peixe esteja cozido e o caldo tenha engrossado pela maisena. Mexer sempre para não empelotar.
7. Adicionar o palmito, o queijo, a azeitona e a salsinha e retirar do fogo.

Montagem

1. Abrir a massa com um rolo apropriado e com ela fazer uma camada no fundo e nas paredes laterais de uma forma untada com azeite.
2. Colocar o recheio e cobrir com outra camada de massa.
3. Pincelar a superfície com as 2 gemas coadas numa peneira e assar em forno preaquecido a 180 °C por cerca de 30 minutos, ou até que o empadão esteja corado.

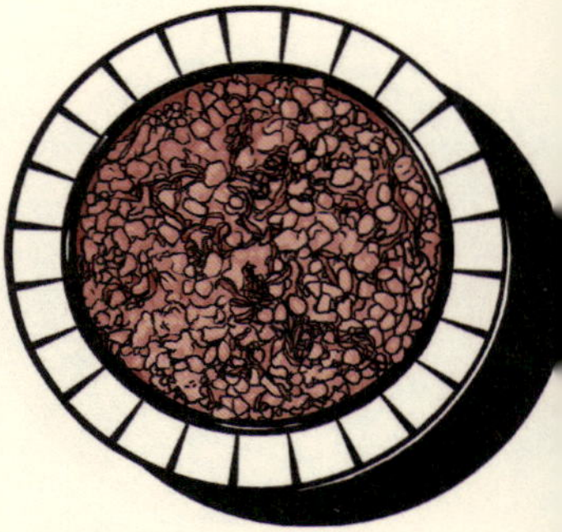

FEIJÃO TROPEIRO

• 8 porções •

INGREDIENTES

1 kg de feijão-preto ou o da preferência
2 l de água
Sal a gosto
1 kg de toucinho para torresmo picado
4 colheres (sopa) de óleo
1 kg de linguiça de porco
3 cebolas cortadas em rodelas
2 dentes de alho amassados
1 xícara (chá) de farinha de mandioca crua
½ xícara (chá) de cebolinha picada
2 ovos cozidos

PREPARO

1. Deixar o feijão imerso em água numa vasilha por 12 horas. A seguir, cozinhá-lo na água com sal numa panela de pressão por 25 minutos, contados depois que o vapor começar a sair. Os grãos devem ser mantidos inteiros. Escorrer e reservar.
2. Temperar o toucinho com sal e fritar até que fiquem amarelados. Não é necessário óleo; o toucinho se frita na própria gordura que solta. Reservar separadamente o toucinho frito e a gordura da fritura.
3. Numa panela, aquecer o óleo e fritar a linguiça, adicionando um pouco de água. Tampar a panela e deixar a água secar antes de retirar do fogo. Reservar.
4. Tomar ½ xícara (chá) da gordura da fritura do torresmo, aquecê-la numa panela e refogar a cebola e depois o alho.
5. Juntar o feijão escorrido e refogar mais.
6. Acrescentar a farinha de mandioca, a cebolinha e o toucinho frito (torresmo). Corrigir o sal, se necessário.
7. Numa travessa, dispor o feijão no centro e, ao redor, distribuir a linguiça e os ovos.

SUGESTÃO

Servir com arroz branco, cebolas em rodelas refogadas e couve.

FRANGO CAIPIRA COM PEQUI

• 4 porções •

Ingredientes

1 kg de frango caipira
4 dentes de alho amassados
Sal a gosto
8 colheres (sopa) de óleo
1 cebola cortada em pedacinhos
1 tomate sem pele nem sementes, cortado em pedacinhos
Água fervente, o suficiente
1 colher (sopa) de colorau
1 colher (chá) de orégano
1 colher (chá) de alecrim
1 pitada de cominho
1 kg de pequi
½ xícara (chá) de coentro picado
½ xícara (chá) de cebolinha picada
½ xícara (chá) de salsinha picada

Preparo

1. Temperar o frango com o alho e o sal e deixar por meia hora.
2. Numa panela de pressão, aquecer o óleo e refogar a cebola.
3. Juntar o frango e deixar corar.
4. Acrescentar o tomate e cozinhar por 10 minutos.
5. Cobrir com a água fervente, adicionar o colorau, o orégano, o alecrim e o cominho, fechar a panela e cozinhar por 15 minutos, contados depois que o vapor começar a sair.
6. Retirar do fogo, deixar sair a pressão e esfriar a panela em água.
7. Abrir a panela, juntar o pequi e voltar ao cozimento por mais 10 minutos.
8. Ao retirar a panela do fogo, juntar o coentro, a cebolinha e a salsinha.

Sugestão

Servir com arroz branco.

FRANGO NO LEITE DE COCO BABAÇU[24]

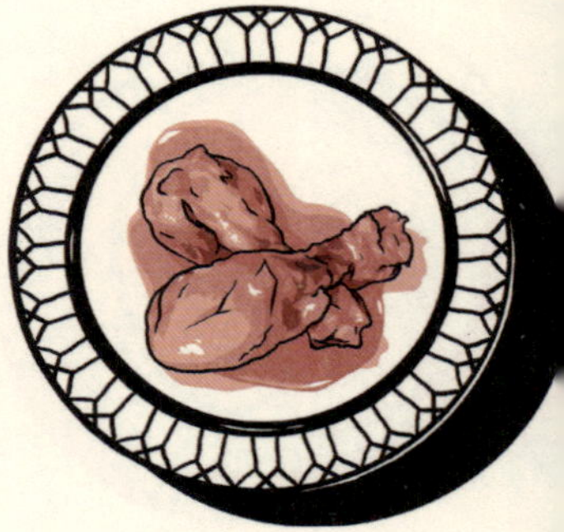

Ingredientes

1 kg de frango caipira cortado nas juntas
Suco de 1 limão
Sal a gosto
500 g de amêndoas de coco babaçu
½ l de água fria
4 colheres (sopa) de óleo
1 cebola cortada em pedacinhos
2 dentes de alho amassados
2 tomates sem pele nem sementes, cortados em pedacinhos
1 pimentão vermelho cortado em pedacinhos
1 colher (sopa) de colorau
1 l de água fervente
½ xícara (chá) de cebolinha picada
½ xícara (chá) de salsinha picada

Preparo

1. Lavar o frango em água corrente e deixá-lo numa vasilha com o suco de limão e o sal por meia hora.
2. No liquidificador, bater as amêndoas de coco babaçu com a água fria. Coar e desprezar a parte sólida. Reservar.
3. Numa panela de pressão, aquecer o óleo e refogar a cebola e depois o alho.
4. Juntar o frango e deixar corar bem.
5. Acrescentar o tomate, o pimentão, o colorau e o sal e cozinhar por 5 minutos, mexendo com uma colher de pau para não grudar na panela.
6. Cobrir com a água fervente, fechar a panela e cozinhar por 20 minutos, contados após o vapor começar a sair.
7. Abrir a panela, depois de fazer a pressão sair e de resfriá-la em água, adicionar o leite de coco babaçu e voltar ao fogo por 10 minutos.
8. Salpicar a cebolinha e a salsinha.

Sugestão

Servir com arroz branco, farinha de mandioca crua e o molho de pimenta da preferência.

24. Adaptação da receita original de Ana Maria, da Comunidade Olho d'Água, município de São Miguel do Tocantins. Cf. MOTOKI; ISHII, *op. cit.*, p. 46.

FRANGO TOSTADO

• 6 porções •

Ingredientes

1 frango limpo, cortado ao meio
4 dentes de alho amassados
Sal a gosto
Pimenta-do-reino moída a gosto
100 g de toucinho picado
1 cebola cortada em pedacinhos
1 colher (chá) de açúcar

Preparo

1. Temperar o frango com o alho, o sal e a pimenta-do-reino e deixar por meia hora.
2. Numa panela, aquecer o toucinho até que derreta e refogar a cebola.
3. Acrescentar o açúcar e deixar dourar.
4. Abaixar o fogo, juntar o frango e, virando as partes de vez em quando, deixar que fique tostado por igual.

GALINHADA

• 6 porções •

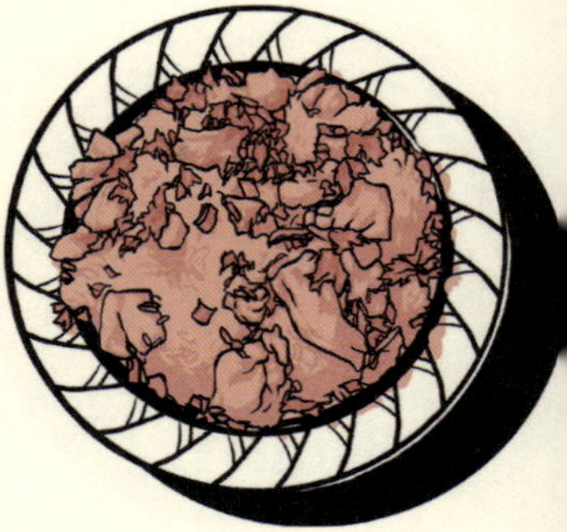

Ingredientes

1 galinha cortada nas juntas
Suco de 1 limão
Sal a gosto
Pimenta-do-reino moída a gosto
1 dente de alho amassado
1 cebola cortada em pedacinhos
1 pimentão vermelho cortado em tiras
4 pimentas-bode picadas
4 tomates sem pele nem sementes, cortados em pedacinhos
1 xícara (chá) de água
2 colheres (sopa) de óleo
1 colher (sopa) de manteiga
2 fatias de toucinho defumado (*bacon*) picadas
1 colher (sobremesa) de açafrão-da-terra
½ xícara (chá) de cebolinha picada
2 xícaras (chá) de arroz lavado e escorrido
5 xícaras (chá) de água fervente
½ xícara (chá) de salsinha picada

Preparo

1. Temperar a galinha com o suco de limão, o sal, a pimenta-do-reino, o alho, a cebola, o pimentão e a pimenta-bode e deixar descansar por cerca de 2 horas.
2. Numa panela, cozinhar o tomate na água com uma pitada de sal por 15 minutos, contados após a água começar a ferver. Bater a mistura no liquidificador e reservar.
3. Em outra panela, aquecer o óleo e a manteiga e fritar o toucinho (*bacon*).
4. Acrescentar o açafrão-da-terra e refogar os pedaços da galinha, até que fiquem corados por inteiro.
5. Adicionar o tomate batido e a cebolinha e manter no fogo até levantar fervura.
6. Juntar o arroz e a água fervente e deixar cozinhar. Corrigir o sal, se necessário.
7. Ao retirar a panela do fogo, salpicar a salsinha.

MAPARÁ AO MOLHO DE GENGIBRE[25]

• 6 porções •

Ingredientes

Para a marinada

Suco de 2 limões
Sal a gosto
Pimenta-do-reino branca moída a gosto

Para o peixe

1 kg de mapará em filés
100 g de manteiga
100 g de gengibre descascado e ralado
100 ml de vinho branco
500 ml de creme de leite fresco
Suco de 1 limão
Farinha de trigo, o suficiente
Azeite de oliva para fritar

Preparo

1. Deixar o peixe na marinada por 2 horas. Escorrer e reservar.
2. Numa panela, aquecer a manteiga e refogar o gengibre por 2 minutos.
3. Juntar o vinho e deixar cozinhar, em fogo médio, até reduzir o volume pela metade.
4. Acrescentar o creme de leite e o suco de limão e cozinhar por mais 5 minutos. Reservar.
5. Passar os filés pela farinha de trigo e, numa frigideira grande, aquecer o azeite e fritá-los. Ao retirar os filés, deixá-los por alguns instantes sobre papel absorvente, a fim de retirar o excesso de óleo.
6. Cortar os filés em 4 partes, dispô-los num prato de servir e cobri-los com o molho de gengibre.

Sugestão

Servir com arroz branco e brócolis refogado.

25. Adaptação da receita original de Luís Humberto Mota Cardoso. Cf. CARDOSO, Luís Humberto Mota. Filé de mapará com brócolis ao molho de gengibre. *CyberCook*. [20--]. Disponível em: https://cybercook.com.br/receitas/peixes-e-frutos-do-mar/receita-de-file-de-mapara-com-brocolis-ao-molho-de-gengibre-5125. Acesso em: 6 set. 2020.

MARIA-ISABEL

• 6 porções •

Ingredientes

500 g de carne de sol
Água, o suficiente (para dessalgar a carne)
2 colheres (sopa) de azeite de oliva
200 g de toucinho defumado (*bacon*) cortado em cubos pequenos
1 cebola cortada em pedacinhos
2 dentes de alho amassados
½ xícara (chá) de cebolinha picada
2 pimentas-de-cheiro picadas
2 folhas de louro
1 kg de arroz lavado e escorrido
1 ½ l de água fervente
Sal a gosto
½ xícara (chá) de salsinha picada

Preparo

1. Numa vasilha, cobrir a carne com água e deixar de molho para dessalgá-la por 12 horas. Trocar a água pelo menos 4 vezes. Escorrer, desfiar e reservar.
2. Numa panela grande, aquecer o azeite e fritar o toucinho (*bacon*) até que solte a gordura.
3. Acrescentar a cebola e refogar, fazendo o mesmo a seguir com o alho.
4. Juntar a carne de sol e refogar até que fique bem corada.
5. Acrescentar a cebolinha, a pimenta-de-cheiro, o louro e o arroz, cobrir com a água fervente, adicionar o sal e deixar cozinhar.
6. Quando o arroz estiver macio, salpicar a salsinha e retirar do fogo.

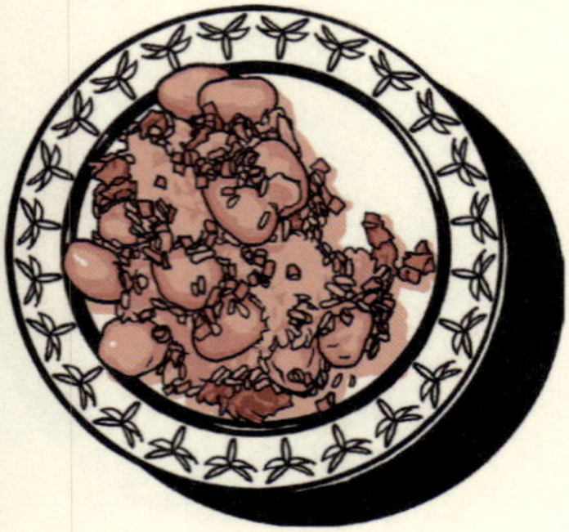

MARIA-ISABEL COM PEQUI

• 6 porções •

Ingredientes

500 g de carne de sol
Água, o suficiente (para dessalgar a carne)
8 colheres (sopa) de óleo
1 cebola cortada em pedacinhos
2 dentes de alho amassados
2 pimentas-de-cheiro picadas
½ xícara (chá) de cebolinha picada
Pimenta-do-reino moída a gosto
1 kg de arroz lavado e escorrido
10 pequis
1 ½ l de água fervente
Sal a gosto
½ xícara (chá) de salsinha picada

Preparo

1. Numa vasilha, cobrir a carne com água e deixar de molho para dessalgá-la por 12 horas. Trocar a água pelo menos 4 vezes. Escorrer, desfiar e reservar.
2. Numa panela, aquecer o óleo e refogar a carne até que fique bem corada. Depois, retirar a carne da panela e reservar numa vasilha.
3. Na mesma panela, acrescentar a cebola e refogar. A seguir, fazer o mesmo com o alho.
4. Adicionar a pimenta-de-cheiro, a cebolinha, a pimenta-do-reino, o arroz e refogar.
5. Juntar a carne de sol e o pequi, cobrir com a água fervente, adicionar o sal e deixar cozinhar.
6. Quando o arroz estiver macio, salpicar a salsinha e retirar do fogo.

Sugestão

Servir com salada de folhas e banana-da-terra frita.

MARIA-ISABEL DE PIRARUCU[26]

• 6 porções •

Ingredientes

1 kg de pirarucu picado
Suco de 1 limão
Sal a gosto
Pimenta-do-reino moída a gosto
500 g de arroz
1 l de água
200 ml de leite de coco
100 ml de óleo
100 ml de azeite de oliva
1 cebola cortada em pedacinhos
2 dentes de alho amassados
1 colher (chá) de açafrão-da-terra
½ pimentão amarelo cortado em quadradinhos
½ pimentão verde cortado em quadradinhos
½ pimentão vermelho cortado em quadradinhos
2 pimentas-de-cheiro picadas
½ xícara (chá) de cebolinha picada
½ xícara (chá) de salsinha picada
Legumes cozidos para decorar a gosto

Preparo

1. Numa vasilha, temperar o peixe com o suco de limão, o sal e a pimenta-do-reino e deixar por 1 hora.
2. Numa panela, levar o arroz a cozinhar na água com uma colher (chá) de sal.
3. Quando o arroz estiver começando a ficar macio, acrescentar o leite de coco e deixar em fogo baixo até finalizar o cozimento, sem secar completamente. Reservar.
4. Em outra panela, aquecer o óleo e refogar o peixe até que fique bem corado. Reservar.
5. Numa terceira panela, aquecer o azeite e dourar a cebola e depois o alho.
6. Acrescentar o açafrão-da-terra, os pimentões, a pimenta-de-cheiro e a cebolinha.

26. Adaptação da receita original de Maria Célia Rabelo, vencedora do 13º Festival Gastronômico de Taquaruçu, em 2019, na categoria Restaurantes e Empreendimentos. Cf. APRENDA a fazer o arroz maria-isabel com pirarucu, prato campeão em categoria do Festival Gastronômico. *G1*, 13 set. 2019. Disponível em: https://g1.globo.com/to/tocantins/noticia/2019/09/13/aprenda-a-fazer-o-arroz-maria-isabel-com-pirarucu-prato-campeao-em-categoria-do-festival-gastronomico.ghtml. Acesso em: 15 dez. 2019.

7. Juntar o peixe e o arroz e misturar.
8. Corrigir o sal, se necessário.
9. Salpicar a salsinha e retirar do fogo.
10. Modelar o arroz em potinhos redondos, desenformar sobre os pratos de comer e decorar com os legumes cozidos.

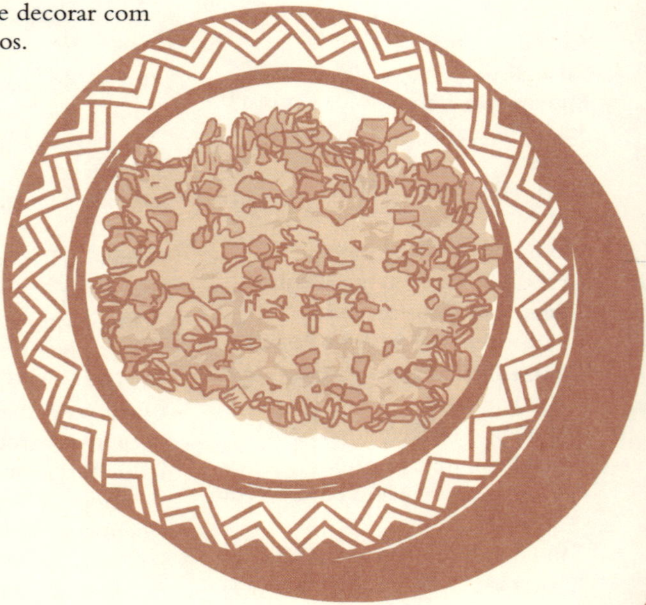

MOQUECA DE ARRAIA

• 4 porções •

Ingredientes

1 kg de arraia cortada e limpa
3 dentes de alho amassados
Suco de 1 limão
Sal a gosto
2 cebolas cortadas em rodelas
2 tomates sem pele nem sementes, cortados em rodelas
1 pimentão vermelho cortado em tiras
½ xícara (chá) de coentro picado
½ xícara (chá) de cebolinha picada
200 ml de leite de coco
2 colheres (sopa) de azeite de dendê
½ xícara (chá) de salsinha picada

Preparo

1. Temperar a arraia com o alho, o suco de limão e o sal e deixar por meia hora.
2. Numa panela de barro, dispor em camadas alternadas a cebola, o tomate, o pimentão, o coentro e a cebolinha.
3. Regar com o leite de coco e levar ao fogo até que a cebola e o pimentão comecem a ficar macios.
4. Juntar a arraia e deixar cozinhar. Provar o sal e corrigir, se necessário.
5. Quando a arraia estiver quase cozida, adicionar o azeite de dendê e salpicar a salsinha.

Sugestão

Servir com arroz branco, farinha de mandioca crua e o molho de pimenta da preferência.

MOQUECA DE PIROSCA (PIRARUCU) COM CAMARÃO[27]

• 4 porções •

Ingredientes

Para a moqueca

1 kg de pirosca (pirarucu) em postas
Suco de 1 limão
Sal a gosto
Pimenta-do-reino moída a gosto
6 colheres (sopa) de azeite de oliva
1 cebola cortada em rodelas
4 dentes de alho amassados
4 tomates sem pele nem sementes, cortados em rodelas
½ pimentão vermelho cortado em tiras
1 pimenta-de-cheiro picada
2 folhas de louro
2 colheres (sopa) de colorau
200 ml de leite de coco
2 colheres (sopa) de azeite de dendê
2 bananas-da-terra cortadas em fatias
½ xícara (chá) de camarão seco passado em água fervente para retirar o excesso de sal
½ xícara (chá) de cebolinha picada
½ xícara (chá) de salsinha picada

Para o pirão

2 xícaras (chá) do caldo da moqueca pronta
1 xícara (chá) de farinha de mandioca crua

27. Adaptação da receita original de Rosa de Fogo, do município de Peixe. Cf. MOQUECA de pirosca com camarão. *Turismo no Tocantins*. [20--]. Disponível em: https://turismonotocantins.com.br/moqueca-de-pirosca-com-camarao/. Acesso em: 29 nov. 2019.

Preparo

Moqueca

1. Temperar o peixe com o suco de limão, o sal e a pimenta-do-reino e deixar por 1 hora.
2. Numa panela de barro, aquecer o azeite de oliva e refogar a cebola e depois o alho.
3. Acrescentar o tomate, o pimentão, a pimenta-de-cheiro, o louro, o colorau e o leite de coco e cozinhar por 10 minutos.
4. Juntar o peixe, o azeite de dendê, as bananas-da-terra, o camarão e a cebolinha e cozinhar por mais 10 minutos. Corrigir o sal, se necessário.
5. Ao retirar a panela do fogo, salpicar a salsinha.
6. Servir com pirão de farinha de mandioca.

Pirão

Numa panela, colocar o caldo da moqueca pronta e acrescentar aos poucos a farinha de mandioca, mexendo sempre para não empelotar, até obter a consistência desejada para um pirão.

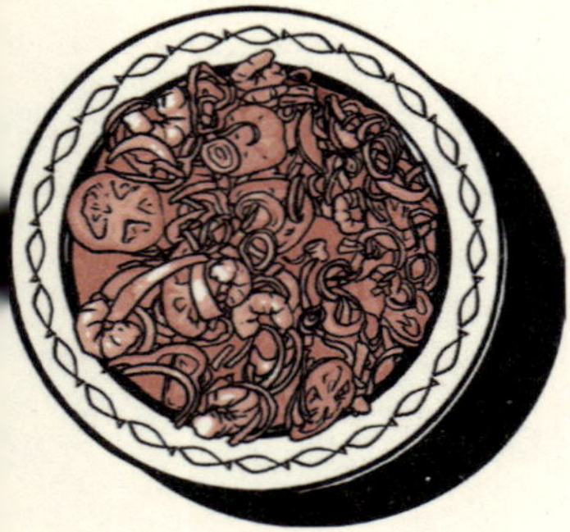

MOQUECA DE SURUBIM[28]

• 4 porções •

Ingredientes

1 kg de surubim em postas
Suco de 1 limão
Sal a gosto
Pimenta-do-reino moída a gosto
4 colheres (sopa) de azeite de oliva
1 cebola cortada em rodelas
2 dentes de alho amassados
4 tomates sem pele nem sementes, cortados em rodelas
½ pimentão vermelho cortado em tiras
1 pimenta-de-cheiro picada
2 folhas de louro
200 ml de leite de coco
2 colheres (sopa) de azeite de dendê
½ xícara (chá) de camarão seco passado em água fervente para retirar o excesso de sal
½ xícara (chá) de cebolinha picada
½ xícara (chá) de salsinha picada

Preparo

1. Temperar o peixe com o suco de limão, o sal e a pimenta-do-reino e deixar por 1 hora.
2. Numa panela de barro, aquecer o azeite e refogar a cebola e depois o alho.
3. Acrescentar o tomate, o pimentão, a pimenta-de-cheiro, o louro e o leite de coco e cozinhar por 10 minutos.
4. Juntar o azeite de dendê, o peixe, o camarão e a cebolinha e cozinhar por mais 10 minutos. Corrigir o sal, se necessário.
5. Ao retirar a panela do fogo, salpicar a salsinha.

Sugestão

Servir com arroz branco, farinha de mandioca crua e o molho de pimenta da preferência.

28. Adaptação da receita original de Joelma Coelho de Oliveira, da ecopraia da Tartaruga, município de Peixe. Cf. MOQUECA de surubim é receita famosa na praia da Tartaruga. *G1*, 4 ago. 2013. Disponível em: http://g1.globo.com/to/tocantins/noticia/2013/08/aprenda-preparar-famosa-receita-de-moqueca-de-surubim.html. Acesso em: 28 nov. 2019.

PAÇOCA DE CARNE DE SOL

• 12 porções •

Ingredientes

1 kg de carne de sol cortada em pedaços pequenos
Água, o suficiente (para dessalgar a carne)
4 colheres (sopa) de manteiga de garrafa
1 cebola cortada em pedacinhos
3 dentes de alho amassados
½ xícara (chá) de cebolinha picada
Sal a gosto
500 g de farinha de mandioca crua
½ xícara (chá) de salsinha picada

Preparo

1. Numa vasilha, cobrir a carne com água e deixar de molho para dessalgá-la por 12 horas. Trocar a água pelo menos 4 vezes. Escorrer e reservar.
2. Numa panela, aquecer 3 colheres (sopa) da manteiga de garrafa e refogar a carne até que fique bem corada.
3. Retirar a carne da panela, deixar esfriar um pouco e socá-la no pilão. Se preferir, triturá-la no liquidificador ou processador de alimentos. Reservar.
4. Na panela onde a carne foi refogada, adicionar mais 1 colher (sopa) de manteiga de garrafa e refogar a cebola e depois o alho.
5. Juntar a carne, a cebolinha e o sal e misturar.
6. Acrescentar a farinha de mandioca aos poucos, mexendo sempre com uma colher de pau.
7. Salpicar a salsinha e retirar do fogo.

PAELLA TOCANTINENSE

• 4 porções •

Ingredientes

8 colheres (sopa) de óleo
6 colheres (sopa) de azeite de oliva
150 g de peito de frango cortado em cubos
150 g de carne de sol dessalgada, cozida e cortada em cubos
150 g de carne de chambari cozida e desfiada
100 g de linguiça defumada
4 dentes de alho cortados em pedacinhos
1 cebola cortada em pedacinhos
3 tomates sem pele nem sementes, cortados em pedacinhos
½ pimentão verde cortado em rodelas
1 xícara (chá) de palmito guariroba cortado em rodelas
½ xícara (chá) de lascas de pequi
1 ½ xícara (chá) de água fervente
1 colher (sopa) cheia de açafrão-da-terra em pó
2 xícaras (chá) de arroz
Sal a gosto
Pimenta-do-reino moída a gosto

Para decorar

½ pimentão vermelho cortado em rodelas
½ pimentão amarelo cortado em rodelas
½ xícara (chá) de azeitonas pretas pequenas
8 ovos de codorna cozidos e descascados
Cebolinha picada a gosto
Salsinha picada a gosto

Preparo

1. Numa panela de *paella* de 40 cm de diâmetro, aquecer o óleo e o azeite e refogar o frango, a carne de sol, o chambari e a linguiça, mexendo sempre, por aproximadamente 15 minutos, ou até que todas as carnes estejam coradas.
2. Acrescentar o alho, a cebola, o tomate, o pimentão, a guariroba e o pequi e refogar bem.
3. Juntar a água e o açafrão.

4. Em seguida, adicionar o arroz, temperar com o sal e a pimenta-do-reino e deixar cozinhar por aproximadamente 10 minutos, ou até que o arroz e o frango estejam cozidos, e o caldo quase seco.
5. Retirar do fogo e decorar com os pimentões, a azeitona e os ovos de codorna.
6. Salpicar a cebolinha e a salsinha e servir.

PEIXADA TOCANTINENSE

• 4 porções •

Ingredientes

Para o caldo de peixe

A cabeça e o rabo do peixe
1 cenoura descascada e cortada em pedaços
1 cebola cortada em quartos
1 dente de alho
1 tomate cortado em quartos
2 talos de salsão picados
2 talos de alho-poró picados
2 pimentas-de-cheiro picadas
1 maço de cebolinha (incluindo a parte branca)
1 maço de salsinha
2 folhas de louro
1 colher (sopa) de pimenta-do-reino em grão
Água, o suficiente

Para a peixada

1 kg de tucunaré (ou o peixe da preferência) em postas
Suco de 1 limão
Sal a gosto
2 dentes de alho amassados
8 colheres (sopa) de azeite de oliva
1 l do caldo de peixe
1 cebola passada no liquidificador ou processador de alimentos
4 cenouras descascadas e cortadas em 3 partes
½ xícara (chá) de cebolinha picada
200 ml de leite de coco
½ xícara (chá) de salsinha picada

Preparo

Caldo de peixe

1. Numa panela, juntar todos os ingredientes, cobrir com água e deixar ferver em fogo baixo por 1 hora, repondo água fervente à medida que o caldo for secando.
2. Coar a mistura e aproveitar apenas a parte líquida para a caldeirada.

Peixada

1. Temperar o peixe com o limão, o sal e o alho e deixar por meia hora. Virar as postas de vez em quando para o tempero pegar por igual. Por fim, escorrer as postas.
2. Numa frigideira grande, aquecer bem o azeite e dourar as postas de peixe, uma a uma, cuidando para que fiquem coradas dos dois lados, mas não fritas. Ao retirar as postas da frigideira, com uma escumadeira, colocá-las sobre uma folha de papel absorvente, a fim de retirar o excesso de óleo. Reservar.
3. Numa panela, aquecer o caldo do peixe, acrescentar a cebola, a cenoura, a cebolinha e o leite de coco e manter no fogo até que a cenoura esteja cozida.
4. Juntar o peixe e deixar por cerca de 5 minutos, cuidando para que as postas não fiquem excessivamente cozidas e se desfaçam. Corrigir o sal, se necessário.
5. Salpicar a salsinha e retirar do fogo.

SUGESTÃO

Servir com arroz branco e farofa de manteiga.[29]

29. Ver receita no capítulo "Acompanhamentos".

PEIXE NA FOLHA DE BANANEIRA

• 4 porções •

Ingredientes

1 tucunaré ou curimatá grande, já limpo
Suco de 1 limão
Sal a gosto
Pimenta-do-reino moída a gosto
1 pimenta-de-cheiro picada
2 dentes de alho amassados
1 cebola cortada em pedacinhos

Preparo

1. Temperar o peixe com o suco de limão, o sal e a pimenta-do-reino e deixar por meia hora.
2. Bater ligeiramente a pimenta-de-cheiro com o alho e a cebola e passar a mistura por dentro e por fora do peixe.
3. Enrolar o peixe numa folha de bananeira e assar no forno por 50 minutos.

Sugestão

Servir com arroz branco e molho vinagrete.

PEIXE NA TELHA[30]

• 4 porções •

Ingredientes

Para o peixe

500 g de filé do peixe de preferência cortado em cubos
Suco de 1 limão
Sal a gosto
Pimenta-do-reino moída a gosto
Pimenta calabresa a gosto
6 colheres (sopa) de azeite de oliva

Para o molho

1 ½ l de água
4 batatas médias descascadas e cortadas em cubos
2 cebolas cortadas em quartos
1 pimentão amarelo cortado em tiras
1 chuchu cortado em cubos
1 cenoura descascada, cortada em 4 partes
2 tomates sem pele nem sementes, cortados em pedaços
150 ml de leite de coco
6 colheres (sopa) de azeite de oliva
1 cebola cortada em pedacinhos
2 dentes de alho cortados em pedacinhos
½ xícara (chá) de cebolinha picada
½ xícara (chá) de salsinha picada
Sal a gosto

Para a farofa

2 bananas-da-terra maduras, descascadas e cortadas em cubos
10 colheres (sopa) de azeite de oliva
1 cebola cortada em pedacinhos
2 dentes de alho amassados com sal
150 g de castanhas de baru torradas e trituradas
150 g de uvas-passas pretas
½ xícara (chá) de cebolinha picada
½ xícara (chá) de salsinha picada
500 g de farinha de mandioca crua
Sal a gosto

Para a montagem

200 g de queijo muçarela fatiado

30. Adaptação da receita original de Luciano Coelho. Cf. APRENDA a fazer uma receita de peixe ao molho assado na telha. *G1*, 4 mar. 2019. Disponível em: https://g1.globo.com/to/tocantins/noticia/2019/03/04/aprenda-a-fazer-uma-receita-de-peixe-ao-molho-assado-na-telha.ghtml. Acesso em: 18 dez. 2019.

Preparo

Peixe

1. Temperar o peixe com o suco de limão e deixar por 15 minutos. Escorrer.
2. Adicionar o sal, a pimenta-do-reino e a pimenta calabresa e deixar por meia hora.
3. Numa frigideira, aquecer o azeite e corar os dois lados dos filés. Reservar.

Molho

1. Pôr a água numa panela e cozinhar a batata, a cebola, o pimentão, o chuchu, a cenoura e o tomate.
2. No liquidificador, bater o conteúdo da panela com o leite de coco.
3. Em outra panela, aquecer o azeite e refogar a cebola picada e depois o alho.
4. Juntar o conteúdo do liquidificador, a cebolinha, a salsinha e o sal e deixar no fogo até levantar fervura.

Farofa

1. Numa assadeira untada com azeite de oliva, levar a banana ao forno aquecido a 180 °C por 20 minutos. Retirar do forno e reservar.
2. Numa panela, aquecer o azeite e refogar a cebola e depois o alho.
3. Juntar a castanha de baru, a uva-passa, a banana assada, a cebolinha e a salsinha e misturar bem.
4. Acrescentar a farinha de mandioca aos poucos, mexendo sempre com uma colher de pau, até que ela esteja cozida. A farofa deve ficar ligeiramente úmida.
5. Adicionar o sal e misturar.

Montagem

1. Forrar com o molho uma telha própria para ir ao forno ou uma assadeira de cerâmica.
2. Sobrepor as postas de peixe e cobri-las com o restante do molho.
3. Cobrir com o queijo muçarela e levar ao forno quente por aproximadamente 15 minutos.

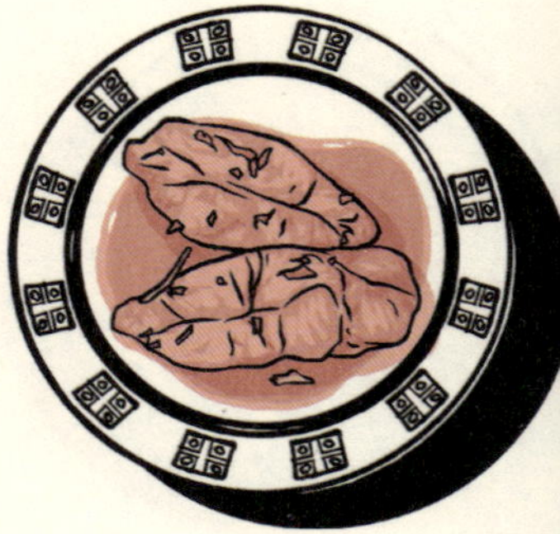

PEIXE NO LEITE DE COCO BABAÇU

• 4 porções •

INGREDIENTES

200 ml de amêndoas de coco babaçu
500 ml de água
8 caris (cascudos) limpos
8 colheres (sopa) de azeite de oliva
1 cebola cortada em pedacinhos
4 tomates sem pele nem sementes, cortados em pedacinhos
1 pimenta-de-cheiro picada
½ xícara (chá) de cebolinha picada
Sal a gosto
½ xícara (chá) de salsinha picada

PREPARO

1. No liquidificador, bater bem as amêndoas de coco babaçu com a água. Coar numa peneira e reservar a parte líquida, isto é, o leite de coco babaçu.
2. Numa panela com água, ferventar os peixes. Escorrer e reservar.
3. Em outra panela, aquecer o azeite e refogar a cebola.
4. Acrescentar o tomate, a pimenta-de-cheiro e a cebolinha e deixar cozinhar por 15 minutos.
5. Juntar os peixes, o leite de coco babaçu reservado e o sal e deixar no fogo até que os peixes estejam cozidos.
6. Salpicar a salsinha e retirar do fogo.

SUGESTÃO

Servir com arroz branco.

PEIXE NO LEITE DE COCO E CREME DE LEITE

• 4 porções •

Ingredientes

1 kg de peixe branco em postas ou filés (merluza, pescada, tilápia, linguado, badejo etc.)
Sal a gosto
Pimenta-do-reino moída a gosto
Suco de 1 limão
3 colheres (sopa) de óleo
1 cebola cortada em pedacinhos
2 dentes de alho amassados
1 tomate sem pele nem sementes, cortado em pedacinhos
400 ml de leite de coco
200 ml de creme de leite
1 xícara (chá) de salsinha picada

Preparo

1. Temperar o peixe com o sal, a pimenta-do-reino e o suco de limão e deixar por 30 minutos.
2. Numa panela, aquecer o óleo e dourar a cebola e depois o alho.
3. Acrescentar o tomate e cozinhar por 5 minutos.
4. Juntar o leite de coco e o peixe e cozinhar por 10 minutos.
5. Retirar do fogo, adicionar o creme de leite e a salsinha e mexer delicadamente, para não desmanchar o peixe.
6. Se necessário, corrigir o sal.

Sugestão

Servir com arroz branco.

PIRARUCU COM FAROFA DE JAMBU[31]

• 4 porções •

Ingredientes

300 g de filé de pirarucu
Suco de 1 limão-taiti
Sal a gosto
Pimenta-do-reino moída a gosto
200 g de palmito pupunha
6 folhas de manjericão picadas
8 colheres (sopa) de azeite de oliva
200 ml de tucupi
1 dente de alho descascado e cortado ao meio
1 pimenta-de-cheiro-do-pará (ou malagueta) cortada ao meio e sem as sementes
5 folhas de chicória-do-pará picadas
1 colher (sopa) de manteiga
1 cebola cortada em pedacinhos
5 folhas de jambu picadas
2 colheres (sopa) de farinha d'água

Preparo

1. Temperar o peixe com o suco de limão, o sal e a pimenta-do-reino e deixar por meia hora.
2. Temperar o palmito pupunha com o sal, a pimenta-do-reino, o manjericão e 2 colheres (sopa) de azeite e, numa assadeira coberta com papel-alumínio, levar ao forno preaquecido a 180 °C por aproximadamente 20 minutos, ou até que o palmito esteja macio. Cortar os palmitos ao meio no sentido longitudinal e reservar.
3. Numa panela, aquecer o tucupi e juntar o alho, a pimenta-de-cheiro-do-pará e a chicória-do-pará. Cozinhar por 10 minutos. Retirar o alho e a pimenta e reservar.

31. Adaptação da receita original de Igor Blinstrub. Cf. BLINSTRUB, Igor. Pirarucu com farofa de jambu, redução de tucupi e pupunha assada. *Cheftime*. [20--]. Disponível em: https://www.cheftime.com.br/receita/pirarucu-com-farofa-de-jambu-reducao-de-tucupi-e-pupunha-assada. Acesso em: 15 dez. 2019.

4. Numa frigideira, aquecer a manteiga e refogar a cebola. Juntar o jambu, a farinha d'água e um pouco de sal e mexer com uma colher de pau por 3 minutos, ou até obter uma farofa úmida. Reservar.
5. Escorrer os filés de peixe e secá-los com papel-toalha. A seguir, aquecer o restante do azeite numa frigideira, juntar os filés de peixe e deixar que fiquem corados dos dois lados.
6. Transferir os filés para uma assadeira, cobrir com a farofa e levar ao forno preaquecido a 180 °C por cerca de 20 minutos.
7. Num prato de servir, colocar o peixe sobre o tucupi e, ao lado, dispor os pedaços do palmito.

RISOTO DE CHAMBARI

• 8 porções •

Ingredientes

Para o caldo de carne

1 kg de músculo bovino cortado em pedaços
2 l de água
1 cenoura sem casca e cortada em pedaços
1 cebola cortada em quartos
2 talos de salsão cortados em pedaços
1 alho-poró cortado em pedaços
2 folhas de louro
1 colher (sopa) de pimenta-do-reino em grão
2 cravos-da-índia
1 maço de salsinha
1 maço de cebolinha, incluindo a parte branca

Para o risoto

8 colheres (sopa) de azeite de oliva
1 cebola cortada em pedacinhos
2 dentes de alho cortados em pedacinhos
2 kg de chambari (*ossobuco*)
Sal a gosto
Pimenta-do-reino moída a gosto
3 tomates sem pele nem sementes, cortados em pedacinhos
½ l de água fervente
4 xícaras (chá) de arroz arbóreo
2 xícaras (chá) de vinho branco seco
1 l do caldo de carne quente
1 xícara (chá) de queijo parmesão ralado
1 colher (sopa) bem cheia de manteiga

Preparo

Caldo de carne

1. Numa panela grande, cozinhar todos os ingredientes em fogo baixo por 1 hora, repondo água fervente se necessário. O caldo deverá reduzir a cerca de 1 l.
2. Coar numa peneira e desprezar a parte sólida.

Risoto

1. Na panela de pressão, aquecer o azeite e refogar a cebola e depois o alho.

2. Juntar o chambari e fazer com que fique corado em toda a superfície.
3. Acrescentar o sal, a pimenta-do-reino, o tomate e a água fervente, fechar a panela e deixar cozinhar por 40 minutos, contados após o vapor começar a sair.
4. Retirar o chambari da panela e desfiá-lo. Reservar.
5. Na mesma panela, acrescentar mais 1 colher (sopa) de cebola picada e 1 dente de alho em pedacinhos e refogá-los.
6. Despejar o arroz e mexer.
7. Em seguida, juntar o vinho e metade do caldo de carne e deixar cozinhar em fogo baixo, com a panela semitampada.
8. Quando o caldo estiver reduzido à metade, juntar o restante dele e a carne desfiada.
9. Provar o caldo e adicionar sal, se necessário.
10. Quando o arroz estiver cozido *al dente* e o caldo quase seco, adicionar o queijo e a manteiga e misturar bem.

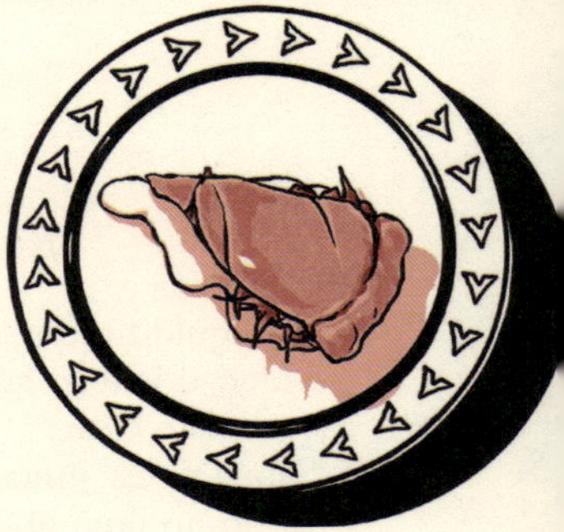

TORTA DE MIL RECHEIOS[32]

• 6 porções •

Ingredientes

Para a massa

3 ovos
1 xícara (chá) de óleo
1 xícara (chá) de leite
100 g de queijo parmesão ralado
1 cebola cortada em pedaços
1 pitada de sal
500 g de farinha de trigo (e mais 250 g, se necessário, para dar o ponto)
1 colher (sopa) de fermento em pó

Para o purê

500 g de batatas descascadas, cozidas e passadas no espremedor
1 xícara (chá) de leite
2 colheres (sopa) de manteiga
Sal a gosto

Para o refogado

6 colheres (sopa) de azeite de oliva
½ cebola cortada em pedacinhos
2 dentes de alho amassados
2 peitos de frango cozidos e desfiados
1 tomate sem pele nem sementes, cortado em pedacinhos
Sal a gosto
Pimenta-do-reino moída a gosto
1 xícara (chá) de cebolinha picada
200 g de ervilha em conserva
200 g de milho em conserva
200 g de palmito em conserva picado
100 g de azeitonas verdes, sem caroço e picadas
300 g de creme de leite
1 xícara (chá) de salsinha picada

Para a montagem

400 g de requeijão cremoso

32. Adaptação da receita original de Fabrício Horta. Cf. HORTA, Fabrício. Brasil afora: Tocantins: torta de mil recheios. *Chef Fafá*. 21 jul. 2011. Disponível em: http://cheffafa.blogspot.com/2011/07/brasil-afora-tocantins-torta-de-mil.html. Acesso em: 29 nov. 2019.

Preparo

Massa

1. No liquidificador, bater os ovos, o óleo, o leite, o queijo parmesão, a cebola e o sal.
2. Numa tigela, juntar o conteúdo batido no liquidificador com a farinha de trigo e amassar com as mãos até obter uma massa homogênea e ainda mole. Se necessário, acrescentar aos poucos mais farinha de trigo, mexendo sempre.
3. Adicionar o fermento e misturar.

Purê

1. Numa panela, misturar a batata amassada com o leite, a manteiga e o sal.
2. Levar ao fogo por 5 minutos, mexendo sempre.

Refogado

1. Numa panela, aquecer o azeite e refogar a cebola e depois o alho.
2. Juntar o frango e deixar corar.
3. Acrescentar o tomate, o sal, a pimenta-do-reino e a cebolinha e deixar até que o frango esteja cozido.
4. Adicionar a ervilha, o milho, o palmito e a azeitona, misturar e cozinhar por mais 5 minutos.
5. Colocar o creme de leite e a salsinha, misturar e retirar do fogo.

Montagem

1. Colocar metade da massa numa forma refratária untada com manteiga.
2. Rechear sucessivamente com o purê, o refogado e o requeijão.
3. Cobrir com o restante da massa.
4. Assar em forno preaquecido a 200 °C por aproximadamente 40 minutos.

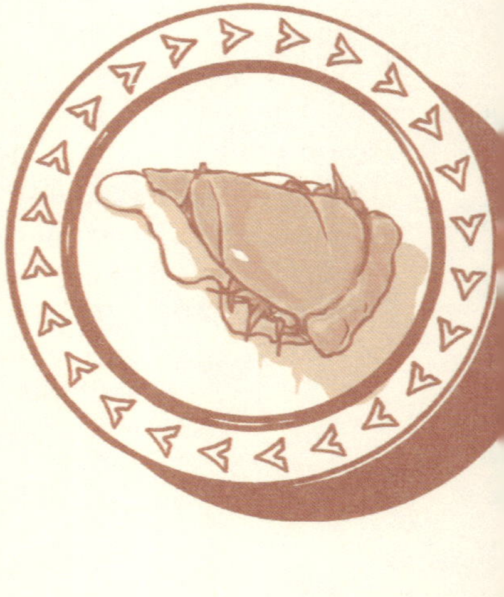

TUCUNARÉ TOCANTINENSE

• 4 porções •

Ingredientes

1 tucunaré limpo
Suco de 2 limões
Sal a gosto
Farinha de trigo, o suficiente
Óleo, o suficiente para fritar o peixe
Folhas de alface
4 tomates cortados em rodelas
2 limões cortados em quartos

Preparo

1. Numa vasilha, deixar o peixe no suco de limão com sal por cerca de meia hora.
2. Escorrer o peixe e envolvê-lo na farinha de trigo.
3. Numa panela grande, aquecer o óleo e fritar o peixe. A seguir, passar um papel absorvente pela sua superfície para retirar o excesso de óleo.
4. Numa travessa forrada com as folhas de alface, colocar o peixe no centro e distribuir nas laterais as rodelas de tomate e os quartos de limão.

Sugestão

Servir com arroz branco, pirão de farinha de mandioca, farofa e molho vinagrete.

ACOMPANHAMENTOS

ARROZ COM PEQUI

• 6 porções •

INGREDIENTES

6 colheres (sopa) de óleo
10 pequis
1 cebola cortada em pedacinhos
2 dentes de alho amassados
2 xícaras (chá) de arroz
4 xícaras (chá) de água fervente
Sal a gosto
1 pimenta-de-cheiro picada
1 pimenta-malagueta picada
½ xícara (chá) de cebolinha picada
½ xícara (chá) de salsinha picada

PREPARO

1. Numa panela, colocar o óleo e o pequi e levar ao fogo.
2. Quando o óleo estiver quente, acrescentar a cebola e refogar.
3. Em seguida, refogar o alho.
4. Juntar o arroz e deixar refogar um pouco, mexendo com uma colher de pau para não grudar no fundo da panela.
5. Acrescentar a água, o sal, as pimentas e a cebolinha e manter em fogo baixo, com a panela semitampada, até que o arroz esteja cozido e quase seco.
6. Salpicar a salsinha e retirar do fogo.

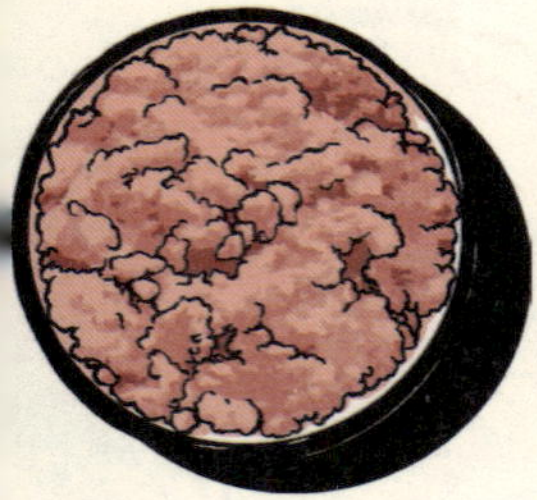

FAROFA DE MANTEIGA

• 4 porções •

Ingredientes

100 g de manteiga salgada
1 cebola cortada em pedacinhos
2 xícaras (chá) de farinha de mandioca crua
Sal a gosto, se necessário

Preparo

1. Em uma panela, aquecer a manteiga e refogar a cebola até que fique bem corada.
2. Juntar aos poucos a farinha de mandioca, mexendo sempre, até que a mistura esteja solta e seca.
3. Provar o sal e corrigir se necessário.

Sugestão

Servir como acompanhamento para cozidos caldosos, particularmente a peixada tocantinense.[33]

33. Ver receita no capítulo "Pratos principais".

JERIMUM COZIDO (ABÓBORA COZIDA)

• 8 porções •

Ingredientes

2 colheres (sopa) de óleo
1 cebola picada em pedacinhos
1 dente de alho amassado
2 kg de abóbora madura, descascada e sem sementes, cortada em cubos
Pimenta-do-reino moída a gosto
½ xícara (chá) de cebolinha picada
Sal a gosto
2 xícaras (chá) de água
½ xícara (chá) de salsinha picada

Preparo

1. Numa panela, aquecer o óleo e refogar a cebola e depois o alho.
2. Juntar a abóbora, a pimenta-do-reino, a cebolinha e o sal.
3. Acrescentar a água e deixar cozinhar em fogo médio, mexendo de vez em quando, até que a abóbora esteja macia.
4. Salpicar a salsinha e retirar do fogo.

MACAXEIRA FRITA
(MANDIOCA FRITA)

• 6 porções •

Ingredientes

1 kg de macaxeira (mandioca) crua e descascada, cortada em pedaços médios e com as fibras retiradas
Água, o suficiente
Óleo para fritar
Sal a gosto

Preparo

1. Numa panela, cobrir os pedaços de macaxeira com água e deixar cozinhar até ficarem macios. Retirar e deixar escorrer bem.
2. Numa frigideira alta, aquecer o óleo (deixar bem quente) e fritar os pedaços de macaxeira até que tomem uma cor dourada.
3. Retirá-los da frigideira e colocá-los sobre uma folha de papel absorvente para eliminar o excesso de gordura.
4. Salpicar com sal na hora de servir.

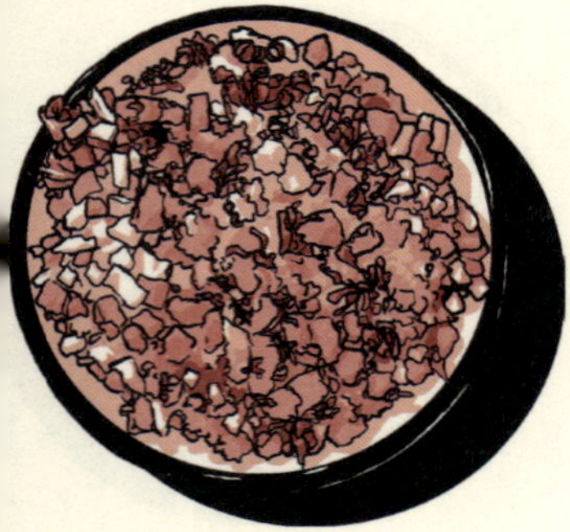

TABULE TOCANTINENSE

• 10 porções •

Ingredientes

1 kg de trigo para quibe
Água morna, o suficiente
2 cebolas cortadas em pedacinhos e escaldadas em água fervente
5 pepinos cortados em rodelas finas
1 pimentão amarelo cortado em quadradinhos
1 pimentão verde cortado em quadradinhos
1 pimentão vermelho cortado em quadradinhos
5 tomates sem pele nem sementes, cortados em pedacinhos
5 mangas descascadas e cortadas em pedaços pequenos
200 g de azeitonas pretas descaroçadas e picadas
200 g de azeitonas verdes descaroçadas e picadas
200 g de tomates secos picados
1 xícara (chá) de folhas de hortelã picadas
1 xícara (chá) de cebolinha picada
1 xícara (chá) de salsinha picada
1 xícara (chá) de azeite de oliva
Suco de 2 limões
Sal a gosto
Pimenta-do-reino moída a gosto

Preparo

1. Numa vasilha, cobrir o trigo com água morna e deixar descansar por 2 horas.
2. Escorrer a água, juntar todos os outros ingredientes e misturar.

Sugestão

Servir com folhas de alface.

TIGELADA DE GUARIROBA

• 4 porções •

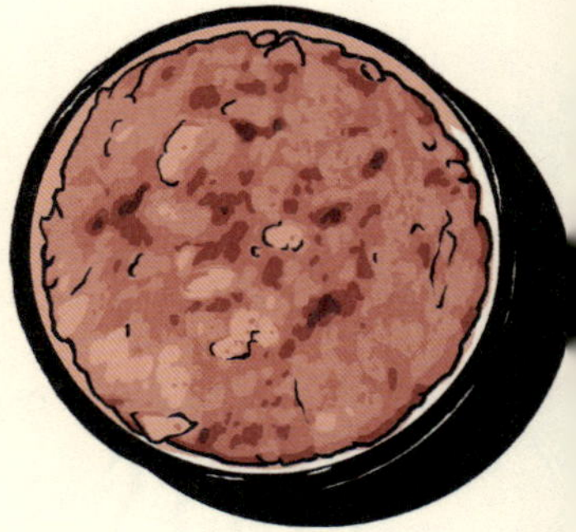

INGREDIENTES

50 g de manteiga
1 cebola cortada em pedacinhos
1 dente de alho cortado em pedacinhos
1 kg de palmito guariroba cortado em rodelas
Sal a gosto
⅓ xícara (chá) de salsinha picadinha
2 colheres (sopa) rasas de farinha de trigo
1 xícara (chá) de leite
2 colheres (sopa) rasas de queijo minas meia cura ralado
2 ovos
Manteiga para untar
Farinha de rosca para polvilhar

PREPARO

1. Numa panela, aquecer metade da manteiga e refogar a cebola e depois o alho.
2. Juntar a guariroba e uma pitada de sal, tampar a panela e deixar em fogo baixo por 15 minutos, ou até que a guariroba esteja macia.
3. Acrescentar a salsinha, retirar do fogo e reservar.
4. Em outra panela, aquecer o restante da manteiga, juntar a farinha de trigo e deixar em fogo baixo, mexendo sempre, até obter uma pasta homogênea.
5. Acrescentar o leite e um pouco mais de sal e mexer sem parar, até que a mistura ferva e engrosse.
6. Transferir a pasta para a panela da guariroba, adicionar o queijo, misturar e deixar esfriar por 10 minutos.
7. Bater as claras em neve, acrescentar as gemas e bater mais.
8. Incorporar os ovos batidos ao conteúdo da panela, misturando delicadamente.
9. Untar um prato refratário com manteiga, despejar o conteúdo da tigelada e polvilhar a superfície com a farinha de rosca.
10. Assar em forno preaquecido a 180 °C por cerca de 40 minutos, ou até que a superfície da tigelada esteja firme e corada.

DOCES

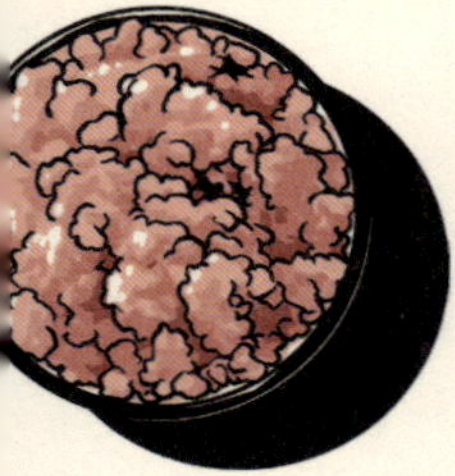

AMBROSIA DE LARANJA À MODA DO ARAGUAIA

• 8 porções •

Ingredientes

3 xícaras (chá) de suco de laranja
1 xícara (chá) de açúcar
2 cravos-da-índia
1 pau de canela
6 ovos inteiros ligeiramente batidos

Preparo

1. Numa panela, levar o suco de laranja com o açúcar ao fogo, mexendo somente para dissolver o açúcar.
2. Acrescentar o cravo-da-índia e a canela e deixar em fogo alto até que a mistura esteja bem reduzida, formando uma calda grossa.
3. Abaixar o fogo, juntar os ovos e mexer ligeiramente, só para quebrar os grumos grandes que se formarem. Deixar no fogo por apenas 2 minutos.
4. Servir o doce gelado.

BRIGADEIROS DE MILHO VERDE

• 30 unidadess •

Ingredientes

250 g de grãos de milho verde (o que corresponde, aproximadamente, ao peso dos grãos de 2 espigas grandes de milho verde, retirados com uma faca)
395 g (1 lata) de leite condensado
200 g de creme de leite
20 g de manteiga
Açúcar cristal, o suficiente

Preparo

1. No liquidificador, bater o milho verde com o leite condensado e o creme de leite por 2 minutos.
2. Numa panela, levar a mistura ao fogo médio, juntar a manteiga e mexer sempre com uma colher de pau, até que o milho esteja cozido e o doce comece a desprender do fundo.
3. Passar o doce para um prato, deixar esfriar e depois manter na geladeira por cerca de 1 hora.
4. Moldar os brigadeiros com as mãos, passá-los pelo açúcar cristal e colocá-los em forminhas de papel.

COCADAS DE BABAÇU[34]

• 10 porções •

Ingredientes

500 g de amêndoas de coco babaçu verde
500 g de açúcar
1 colher (chá) de sementes de erva-doce moídas

Preparo

1. Bater as amêndoas de coco babaçu verde no liquidificador sem água. Reservar.
2. Numa panela, levar o açúcar ao fogo por 10 minutos.
3. Juntar as amêndoas e as sementes de erva-doce e, com uma colher de pau, mexer por 10 minutos.
4. Retirar do fogo, despejar em uma assadeira grande e cortar em fatias enquanto o doce ainda estiver mole.
5. Servir depois de frio.

COCADAS DE MARACUJÁ

• 30 unidadess •

Ingredientes

Polpa de 4 maracujás
4 xícaras (chá) de água
1 kg de coco fresco ralado
1 ½ kg de açúcar

Preparo

1. No liquidificador, bater a polpa de maracujá com a água.
2. Numa panela, juntar a polpa de maracujá batida com o coco e o açúcar e levar ao fogo, mexendo sempre, até o doce soltar-se do fundo.
3. Despejar a cocada numa superfície lisa, preferencialmente de pedra, deixar esfriar e cortar em quadradinhos.

34. Adaptação da receita original de Ana Alice, da Comunidade Olho d'Água, município de São Miguel do Tocantins. Cf. MOTOKI; ISHII, *op. cit.*, p. 50.

DOCE DE BANANA À MODA DO TOCANTINS

• 8 porções •

Ingredientes

4 bananas-da-terra maduras, descascadas e amassadas
½ xícara (chá) de água
1 xícara (chá) de açúcar
2 cravos-da-índia
1 pau de canela

Preparo

1. Numa panela, juntar todos os ingredientes e levar ao fogo baixo, mexendo sempre com uma colher de pau, até que o doce comece a se soltar do fundo.
2. Deixar esfriar, acondicionar num recipiente de vidro e conservar em geladeira.

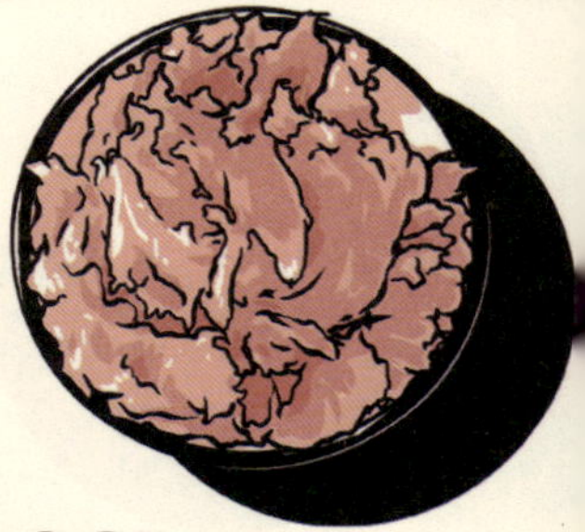

DOCE DE BATATA-DOCE

• 8 porções •

Ingredientes

1 ½ kg de batatas-doces
Água, o suficiente
Açúcar, o suficiente
1 colher (chá) de essência de baunilha

Preparo

1. Numa panela, cobrir as batatas-doces com água e levar ao fogo até que fiquem macias.
2. Descascar as batatas-doces e passá-las por uma peneira.
3. Pesar a massa de batata-doce obtida e separar uma quantidade de açúcar no mesmo peso.
4. Na panela, juntar a massa e o açúcar e levar ao fogo médio.
5. Com uma colher de pau, mexer ininterruptamente até que o fundo da panela comece a aparecer, e o doce esteja cremoso e brilhante.
6. Adicionar a essência de baunilha, misturar e retirar do fogo.

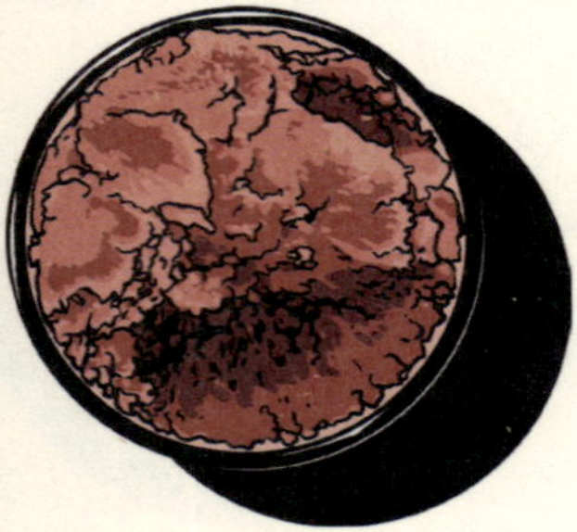

DOCE DE BURITI

• Cerca de 1 kg de doce •

Ingredientes

1 kg de massa (polpa) de buriti
1 kg de açúcar
1 xícara (chá) de água
2 cravos-da-índia (opcionais)

Preparo

1. Numa vasilha, misturar bem a massa de buriti e o açúcar, tampar e deixar por uma noite na geladeira.
2. Num tacho (preferencialmente de cobre), juntar a mistura do buriti com o açúcar à água e ao cravo-da-índia e levar ao fogo médio por cerca de 1 hora, mexendo sempre com uma colher de pau. O ponto do doce estará dado quando o fundo do tacho estiver aparecendo.
3. Assim que o ponto estiver dado, retirar o doce do tacho, pois o cobre pode contaminá-lo com substâncias tóxicas.
4. Deixar o doce amornar e conservá-lo envolvido em um plástico fino, próprio para doces de cortar.

DOCE DE CAJU

• 8 porções •

Ingredientes

20 cajus maduros, sem a castanha
3 xícaras (chá) de água
4 xícaras (chá) de açúcar

Preparo

1. Furar os cajus com um garfo e espremer ligeiramente, a fim de retirar um pouco do suco. Reservar.
2. Numa panela, misturar a água e o açúcar e levar ao fogo até ferver.
3. Juntar os cajus e deixar em fogo médio por aproximadamente 45 minutos, mexendo de vez em quando com uma colher de pau. A calda deve ficar grossa.

Observação

Esta receita pode ser preparada da mesma forma com cajuís, que são menores que o caju; nesse caso, usar o dobro dos frutos.

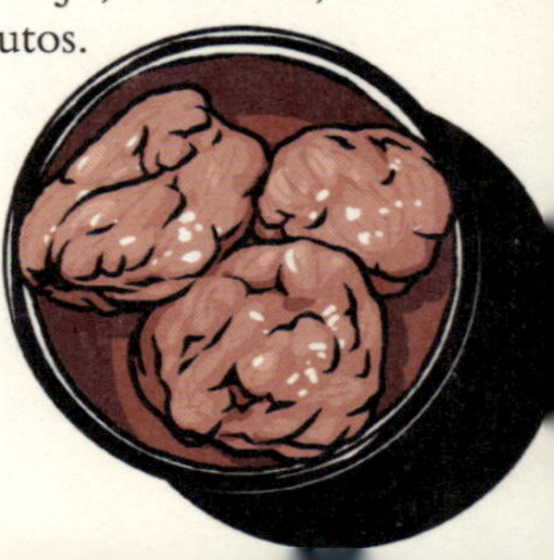

DOCE DE LEITE

• 8 porções •

Ingredientes

2 l de leite
500 g de açúcar

Preparo

1. Colocar o leite numa panela, junto com um pequeno pires de porcelana ou de outro material refratário, a fim de evitar que o leite derrame ao ferver.
2. Levar ao fogo médio por 1 hora e meia, ou até que o volume do leite esteja reduzido a meio litro.
3. Retirar o pires da panela e acrescentar o açúcar.
4. Com uma colher de pau, mexer sempre, por cerca de 20 minutos, ou até que o doce de leite esteja com a consistência própria de um doce de colher.

DOCE DE MAMÃO

• 10 porções •

Ingredientes

2 mamões verdes
Açúcar, o suficiente
4 cravos-da-índia
1 pau de canela

Preparo

1. Com uma faca, riscar os mamões no sentido longitudinal e deixar que o leite escorra por, no mínimo, 1 hora.
2. Descascar os mamões, retirar as sementes, cortar a polpa em cubos e lavá-los em água corrente.
3. Pesar o mamão e separar uma quantidade de açúcar no mesmo peso.
4. Num tacho de cobre areado com sal e limão, juntar o mamão com o açúcar, o cravo-da-índia e a canela e levar ao fogo médio até que o mamão esteja cozido e a calda tenha uma consistência medianamente grossa.
5. Retirar o doce do tacho assim que desligar o fogo; não é conveniente deixar o alimento no cobre após esfriar.

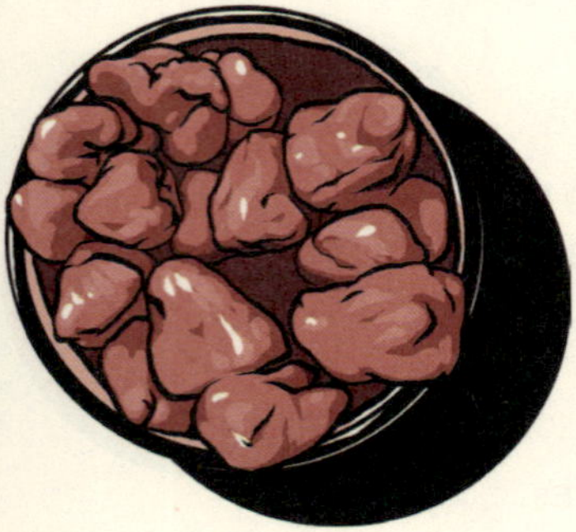

DOCE DE MANGABA

• 10 porções •

Ingredientes

2 kg de mangaba
Suco de 1 limão
700 g de açúcar
½ l de água
2 paus de canela
3 cravos-da-índia

Preparo

1. Lavar as mangabas e furá-las com um garfo para extrair-lhes o leite.
2. Numa vasilha, deixar as mangabas de molho em água com o suco de limão por 4 horas.
3. Num tacho de cobre, misturar o açúcar com a água, acrescentar a canela e o cravo-da-índia e levar ao fogo até levantar fervura.
4. Juntar as mangabas e deixar cozinhar por 30 minutos.
5. Retirar o doce do tacho assim que desligar o fogo; não é conveniente deixar o alimento no cobre após esfriar.

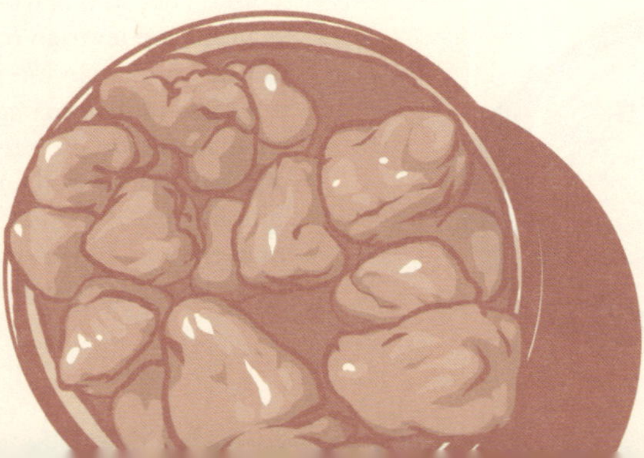

PUDIM CROCANTE DE BABAÇU[35]

• 6 porções •

Ingredientes

Para o pudim

3 ovos inteiros
395 g (1 lata) de leite condensado
300 ml de leite
1 xícara (chá) de coco babaçu em pedaços

Para o creme

1 xícara (chá) de coco babaçu ralado
395 g (1 lata) de leite condensado
300 g (lata) de creme de leite

Para a montagem

Coco babaçu ralado e torrado, o suficiente
Lascas de chocolate

Preparo

Pudim

1. No liquidificador, bater bem os ovos.
2. Juntar o leite condensado e bater mais.
3. Acrescentar o leite e bater até obter um creme homogêneo.
4. Adicionar o babaçu e bater até triturá-lo.
5. Assar numa forma de pudim, em banho-maria, por cerca de 40 minutos, ou até que o pudim esteja corado.

Creme

1. Numa panela, levar o coco babaçu ao fogo, mexendo sempre, até que ele fique ligeiramente torrado. Reservar.
2. No liquidificador, bater o leite condensado com o creme de leite.
3. Juntar o coco babaçu e misturar bem.

Montagem

1. Em taças de sobremesa, colocar um pedaço do pudim e cobrir com o creme.
2. Polvilhar sobre a superfície o coco babaçu ralado e as lascas de chocolate.

35. Adaptação da receita original de Ilzani Carvalho, vencedora do 8º Festival Gastronômico de Taquaruçu, na categoria Prato Doce, em 2014. Cf. CONFIRA a receita do pudim crocante de coco babaçu, vencedor do Festival Gastronômico. [201-]. 1 vídeo (3 min.). Disponível em: http://g1.globo.com/to/tocantins/videos/v/confira-a-receita-do-pudim-crocante-de-coco-babacu-vencedor-do-festival-gastronomico/3625672/. Acesso em: 27 nov. 2019.

PUDIM DE PEQUI[36]

• 8 porções •

Ingredientes

Para o pudim

200 g de massa de pequi
250 ml de leite
395 g (1 lata) de leite condensado
400 g de creme de leite
4 ovos

Para a calda caramelizada

1 xícara (chá) de açúcar
½ xícara (chá) de água

Preparo

Pudim

1. No liquidificador, misturar a massa de pequi com o leite e bater.
2. Juntar o leite condensado, o creme de leite e os ovos e bater por 2 minutos. Reservar.

Calda caramelizada

1. Numa panela, levar o açúcar ao fogo e deixar até caramelizar.
2. Juntar a água e deixar no fogo, mexendo de vez em quando, até obter uma calda grossa e brilhante. Cuidar para não queimar.

Finalização

1. Colocar a calda caramelizada no fundo e nas laterais de uma forma com furo no meio de aproximadamente 18 cm de diâmetro, untando-a bem.
2. Despejar a massa do pudim e levar para assar em banho-maria em forno preaquecido a 180 °C por cerca de 40 minutos, ou até que o centro do pudim esteja firme.
3. Deixar o pudim esfriar completamente em temperatura ambiente.
4. Desenformar antes de levar à geladeira.

36. Adaptação da receita original de Ruth Almeida. Cf. ALMEIDA, Ruth. *Raízes gastronômicas do Tocantins*. Disponível em: https://online.fliphtml5.com/epoxz/xmep; p. 36. Acesso em 01 mai. 2024.

RAPADURINHAS COM BURITI

• Aproximadamente 40 unidadess •

Ingredientes

1 rapadura de 500 g cortada em pedaços
1 ½ xícara (chá) de água
1 colher (sopa) de manteiga
300 g de polpa de buriti

Preparo

1. Numa panela, colocar a rapadura e a água e levar a ferver, mexendo com uma colher de pau.
2. Quando a rapadura estiver derretida e bem misturada com a água, formando um creme grosso, coar num pano para eliminar as impurezas.
3. Devolver o creme à panela e deixar ferver mais, mexendo sempre e vigorosamente até atingir o ponto de bala. Para averiguar se o ponto está bom, jogar uma colherinha do creme em um prato fundo com água fria. Ao cair na água, o creme deve endurecer, de modo a formar uma bala mole.
4. Nesse momento, acrescentar a manteiga e a polpa de buriti e misturar bem.
5. Retirar a panela do fogo imediatamente, para que o creme não endureça além do ponto, e continuar a bater com a colher de pau até obter uma massa consistente, mas não dura.
6. Despejar a massa sobre uma superfície de pedra e, com o auxílio de uma faca grande ou espátula, espalhar até atingir a espessura desejada, que dever ser uniforme.
7. Quando o doce endurecer, cortar com uma faca em quadradinhos ou losangos.

RAPADURINHAS COM CASCA DE LARANJA E GERGELIM

• Aproximadamente 40 unidadess •

Ingredientes

100 g de gergelim
1 rapadura de 500 g cortada em pedaços
1 ½ xícara (chá) de água
1 colher (sopa) de manteiga
300 g de casca de laranja cristalizada, cortada em pedacinhos

Preparo

1. Numa frigideira, colocar o gergelim e levar ao fogo para torrar. Sacudir a frigideira de vez em quando para aerar o gergelim e evitar que queime.
2. Quando o gergelim estiver bem aquecido e começar a escurecer, retirar imediatamente da frigideira e reservar.
3. Numa panela, colocar a rapadura e a água e levar a ferver, mexendo com uma colher de pau.
4. Quando a rapadura estiver derretida e bem misturada com a água, formando um creme grosso, coar num pano para eliminar as impurezas.
5. Devolver o creme à panela e deixar ferver mais, mexendo sempre e vigorosamente até atingir o ponto de bala. Para averiguar se o ponto está bom, jogar uma colherinha do creme em um prato fundo com água fria. Ao cair na água, o creme deve endurecer, de modo a formar uma bala mole.
6. Nesse momento, acrescentar a manteiga, a casca de laranja e o gergelim reservado e misturar bem.
7. Retirar a panela do fogo imediatamente, para que o creme não endureça além do ponto, e continuar a bater com a colher de pau até obter uma massa consistente, mas não dura.
8. Despejar a massa sobre uma superfície de pedra e, com o auxílio de uma faca grande ou espátula, espalhar até atingir a espessura desejada, que dever ser uniforme.
9. Quando o doce endurecer, cortar com uma faca em quadradinhos ou losangos.

RAPADURINHAS COM MAMÃO E PIMENTA

• Aproximadamente 40 unidadess •

Ingredientes

1 rapadura de 500 g cortada em pedaços
1 ½ xícara (chá) de água
1 colher (sopa) de manteiga
300 g de doce de mamão em calda[37] escorrido e cortado em pedacinhos
Gotas do caldo de pimenta em conserva a gosto

Preparo

1. Numa panela, colocar a rapadura e a água e levar a ferver, mexendo com uma colher de pau.
2. Quando a rapadura estiver derretida e bem misturada com a água, formando um creme grosso, coar num pano para eliminar as impurezas.
3. Devolver o creme à panela e deixar ferver mais, mexendo sempre e vigorosamente até atingir o ponto de bala. Para averiguar se o ponto está bom, jogar uma colherinha do creme em um prato fundo com água fria. Ao cair na água, o creme deve endurecer, de modo a formar uma bala mole.
4. Nesse momento, acrescentar a manteiga, o doce de mamão e a pimenta e misturar bem.
5. Retirar a panela do fogo imediatamente, para que o creme não endureça além do ponto, e continuar a bater com a colher de pau até obter uma massa consistente, mas não dura.
6. Despejar a massa sobre uma superfície de pedra e, com o auxílio de uma faca grande ou espátula, espalhar até atingir a espessura desejada, que dever ser uniforme.
7. Quando o doce endurecer, cortar com uma faca em quadradinhos ou losangos.

37. Ver receita neste mesmo capítulo.

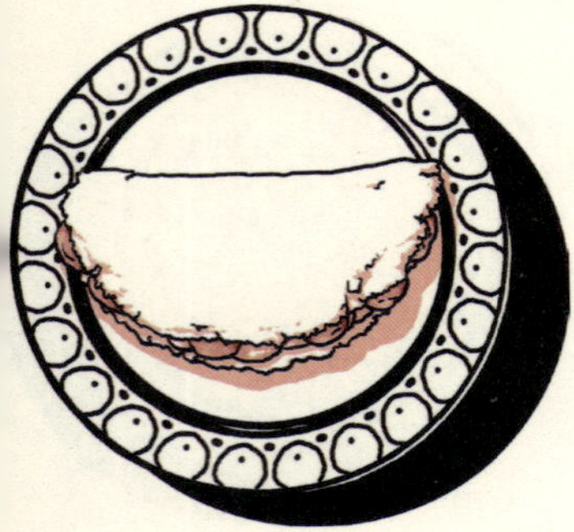

TAPIOCA COM RECHEIO DE BANANA

• 1 porção •

Ingredientes

1 colher (sopa) de açúcar
1 colher (sopa) de água
½ banana-da-terra cortada em rodelas finas
Goma de tapioca hidratada, o suficiente para fazer uma camada fina no fundo de uma frigideira
1 pitada de sal
Canela em pó a gosto

Preparo

1. Numa frigideira, misturar o açúcar com a água e deixar ferver até começar a escurecer.
2. Juntar a banana e, com uma colher de pau, mexer até obter a cor de caramelo. Reservar.
3. Numa vasilha, misturar a goma de tapioca e o sal.
4. Levar ao fogo uma frigideira antiaderente e deixar que fique bem aquecida.
5. Com o auxílio de uma colher, polvilhar a goma de tapioca de modo a preencher todo o fundo da frigideira com uma camada fina.
6. Alisar a tapioca com uma colher para que fique uma superfície plana e uniforme.
7. Assim que se formar uma espécie de beiju, colocar a banana caramelizada sobre a superfície, polvilhar a canela e dobrar a tapioca ao meio, a fim de cobrir o recheio.

Biscoitos

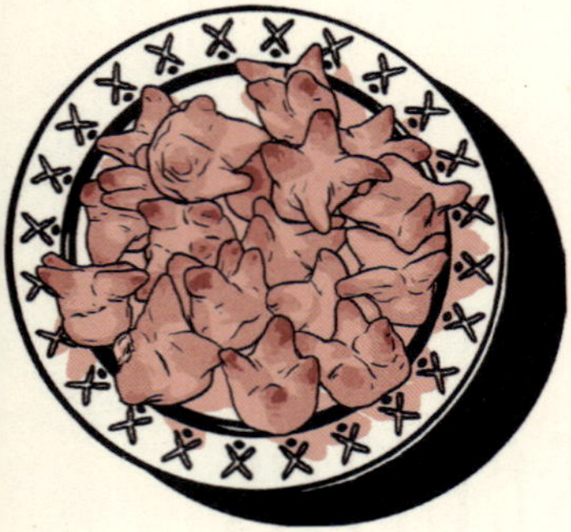

AMOR-PERFEITO (SEQUILHO DO TOCANTINS)

• Aproximadamente 70 unidadess •

Ingredientes

500 g de polvilho doce
200 g de açúcar
100 g de manteiga amolecida
1 pitada de sal
200 ml de leite de coco

Preparo

1. Numa vasilha, misturar com as mãos o polvilho, o açúcar, a manteiga e o sal.
2. Acrescentar o leite de coco, misturar e sovar bastante, até que a massa fique homogênea.
3. Com as mãos, fazer bolinhas com a massa e depois achatá-las ligeiramente, de modo que fiquem com aproximadamente 6 cm de diâmetro.
4. Com uma faca, fazer dois cortes em forma de cruz na parte superior da bolinha de massa, a fim de dar o formato de coroa próprio do biscoito.
5. Dispor os biscoitos numa assadeira untada com manteiga e assar em forno preaquecido a 200 °C por 20 minutos.

BISCOITOS DE CERVEJA

• Aproximadamente 60 unidadess •

Ingredientes

50 g de gergelim
500 g de farinha de trigo
200 g de manteiga amolecida
1 pitada de sal
120 ml de cerveja
Açúcar cristal, o suficiente

Preparo

1. Colocar o gergelim numa frigideira e levar ao fogo para torrar ligeiramente. Agitar a frigideira para aerar os grãos e evitar que se queimem. Assim que começarem a corar, retirá-los da frigideira. Reservar.
2. Numa vasilha, misturar com as mãos a farinha de trigo, a manteiga, o sal e o gergelim e amassar bem.
3. Acrescentar a cerveja e misturar até que a massa fique homogênea.
4. Estender a massa sobre uma superfície plana e esticá-la com um rolo, deixando-a com uma espessura de cerca de 1 cm.
5. Com uma faca, cortar a massa em forma de palitos de 1 cm de largura por 10 cm de comprimento e envolvê-los no açúcar cristal.
6. Dispor os biscoitos em uma assadeira untada com manteiga e assar em forno preaquecido a 200 °C por cerca de 10 minutos. Cuidar para que não se queimem, pois ficam assados em pouco tempo.

BISCOITOS DE FARINHA DE BABAÇU

• Aproximadamente 50 unidadess •

Ingredientes

1 xícara (chá) de açúcar
250 g de manteiga
1 xícara (chá) de farinha de trigo
1 xícara (chá) de maisena
1 xícara (chá) de farinha de babaçu (mesocarpo)

Preparo

1. Na batedeira, misturar o açúcar com a manteiga e bater até obter um creme fofo e esbranquiçado.
2. Transferir para uma vasilha, juntar a farinha de trigo, a maisena e a farinha de babaçu e amassar delicadamente com as mãos. Se a massa estiver pegajosa, grudando nos dedos, acrescentar mais farinha de trigo. O ideal é que a massa se despregue facilmente das mãos.
3. Deixar a massa descansar por 40 minutos.
4. Com as mãos, moldar biscoitinhos redondos e depois achatá-los com o auxílio de um garfo.
5. Dispor os biscoitinhos em uma assadeira untada com manteiga e assar em forno preaquecido a 280 °C por aproximadamente 30 minutos, ou até que fiquem corados.

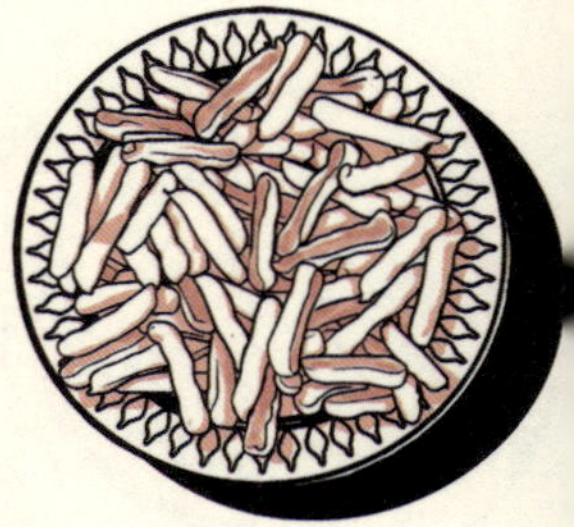

BISCOITOS DE POLVILHO[38]

• 30 unidadess •

Ingredientes

2 xícaras (chá) de farinha de milho em flocos
1 xícara (chá) de água (e mais ¼ ou ⅓ , se necessário)
4 xícaras (chá) de polvilho azedo
1 xícara (chá) de banha de porco
1 xícara (chá) de leite integral (e mais ½, se necessário)
1 colher (sopa) de sal
3 ovos

Preparo

1. Molhar a farinha de milho em água e misturar com as mãos até obter uma pasta. Juntar primeiro 1 xícara e ir testando até encontrar o ponto.
2. Acrescentar o polvilho e misturar muito, até formar uma pasta homogênea.
3. Numa panela, aquecer a banha de porco com o leite. Reservar, deixando esfriar um pouco.
4. Fazer alguns buracos na massa de farinha e escaldá-la com a banha de porco ainda quente.
5. Esperar esfriar um pouco, adicionar o sal e misturar muito bem com as mãos, girando de cima para baixo.
6. Adicionar os ovos e mexer até incorporá-los à massa.
7. Se necessário, juntar mais um pouco de leite e/ou água (mais ou menos ½ xícara de chá) até que a massa atinja um ponto bom: mole, ainda grudenta, mas consistente.
8. Com a massa, moldar os biscoitos numa assadeira untada com óleo. Para tanto, usar um pano circular, de tecido resistente mas maleável, com um buraco de 1 cm no centro. Usar o pano à moda de um funil, preenchendo-o com a massa e depois espremendo-o. Fazer os biscoitos em tiras de cerca de 12 cm de comprimento, dispondo-os na assadeira com distância suficiente para que não grudem um no outro quando forem assados.
9. Levar ao forno preaquecido a 220 °C por aproximadamente 15 minutos, ou até que os biscoitos fiquem dourados e durinhos.

38. Do caderno de receitas de D. Aparecida Ferraz.

BISCOITOS FRITOS

• 12 unidadess •

Ingredientes

1 xícara (chá) de leite
1 xícara (café) de água
1 xícara (café) de banha de porco derretida
1 kg de polvilho azedo
5 ovos
1 ½ xícara (chá) de queijo minas meia cura ralado
Sal a gosto
Óleo para fritar

Preparo

1. Numa panela, juntar o leite, a água e a banha e aquecer bem. Reservar.
2. Colocar o polvilho numa vasilha e escaldá-lo com a mistura ainda quente da água com o leite e a banha.
3. Acrescentar os ovos, o queijo e o sal e mexer com as mãos até que a massa fique homogênea.
4. Com as mãos, enrolar pedaços da massa de modo a obter 12 biscoitões compridos e largos. Se preferir, moldar mais biscoitos de tamanho menor.
5. Numa panela grande, colocar uma quantidade de óleo suficiente para cobrir os biscoitos.
6. Imergir os biscoitos no óleo ainda frio e levar a panela ao fogo. Os biscoitos se fritarão lentamente, em aproximadamente 25 minutos. Estarão prontos quando boiarem. Com uma escumadeira, retirá-los um a um e deitá-los sobre papel absorvente para eliminar o excesso de óleo.

BOLOS

BOLO BORRACHA

• 6 porções •

Ingredientes

500 g de polvilho doce
Água, o suficiente
400 g de açúcar
2 xícaras (chá) de coco fresco ralado
Raspas da casca de 1 limão

Preparo

1. Colocar o polvilho doce numa tigela e adicionar água suficiente para cobri-lo. Deixar descansar por 6 horas e dispensar a água remanescente.
2. Juntar o açúcar aos poucos, mexendo bem com as mãos.
3. Acrescentar o coco ralado e as raspas da casca de limão e misturar.
4. Numa forma untada com manteiga e polvilhada com farinha de trigo, assar em forno preaquecido a 180 °C, por cerca de 1 hora, ou até que o bolo esteja bem corado e, espetando-o com um palito, este saia limpo de volta.

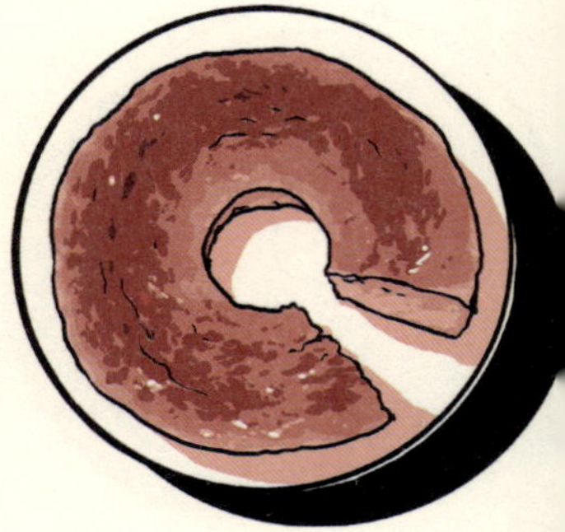

BOLO CREMOSO DE MACAXEIRA

• 8 porções •

Ingredientes

3 ovos
2 colheres (sopa) de manteiga
200 ml de leite de coco
395 g (1 lata) de leite condensado
100 g de coco fresco ralado
½ xícara (chá) de queijo minas meia cura ralado
500 g de macaxeira crua, descascada e ralada

Preparo

1. Numa vasilha, misturar bem os ovos, a manteiga, o leite de coco e o leite condensado.
2. Juntar o coco, o queijo e a macaxeira e misturar até obter uma massa homogênea.
3. Numa forma de untada com manteiga e polvilhada com farinha de trigo, assar em forno preaquecido a 180 °C por aproximadamente 50 minutos, ou até que o bolo esteja corado e, espetando-o com um palito, este saia limpo de volta.

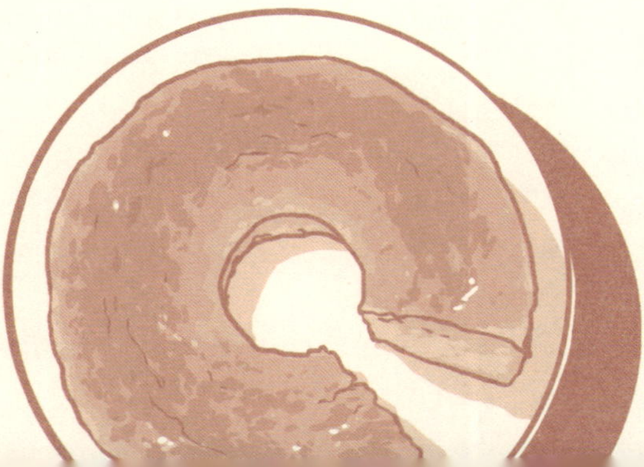

BOLO DE ARROZ

• 6 porções •

Ingredientes

2 xícaras (chá) de arroz cru
1 xícara (chá) de leite
4 ovos
½ xícara (chá) de óleo de milho ou girassol
1 ½ xícara (chá) de açúcar
½ xícara (chá) de coco fresco ralado
½ xícara (chá) de queijo minas meia cura ralado
1 colher (sobremesa) de fermento em pó

Preparo

1. Numa vasilha, misturar o arroz com o leite e deixar de molho na geladeira por ao menos 1 hora.
2. Bater a mistura no liquidificador e reservar.
3. Na batedeira, bater os ovos até espumarem.
4. Juntar o arroz batido em leite e o óleo e bater até obter um creme homogêneo.
5. Acrescentar o açúcar e bater mais.
6. Adicionar o coco, o queijo e o fermento e misturar.
7. Numa forma de untada com manteiga e polvilhada com açúcar, assar em forno preaquecido a 180 °C por aproximadamente 50 minutos, ou até que o bolo esteja corado e, espetando-o com um palito, este saia limpo de volta.

BOLO DE FARINHA DE BABAÇU[39]

• 8 porções •

Ingredientes

4 ovos
3 colheres (sopa) de manteiga
2 xícaras (chá) de açúcar
1 xícara (chá) de leite
2 xícaras (chá) de farinha de trigo
1 xícara (chá) de farinha de babaçu
1 colher (sobremesa) de fermento em pó

Preparo

1. Na batedeira, misturar as gemas, a manteiga e o açúcar e bater até obter um creme fofo e esbranquiçado.
2. Juntar aos poucos o leite, a farinha de trigo e a farinha de babaçu e bater mais.
3. Adicionar o fermento e misturar.
4. Incorporar as claras batidas em neve e misturar sem bater.
5. Numa forma untada com manteiga e polvilhada com farinha de trigo, assar em forno preaquecido a 180 °C por aproximadamente 45 minutos, ou até que o bolo esteja corado e, espetando-o com um palito, este saia limpo de volta.

39. Adaptação da receita original de Ivanilde Paixão, da Comunidade Olho d'Água, município de São Miguel do Tocantins. Cf. MOTOKI; ISHII, *op. cit.*, p. 32.

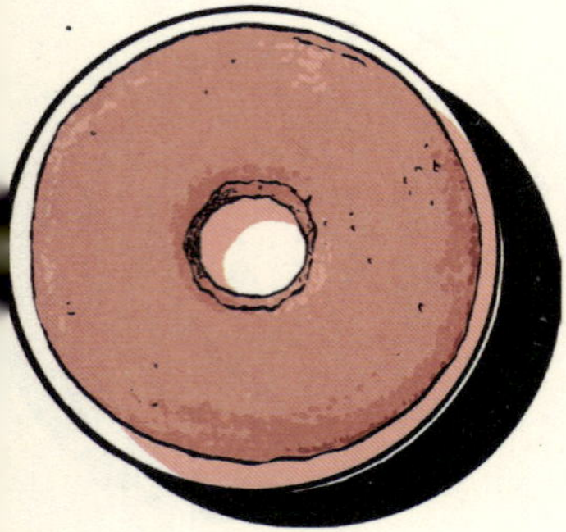

BOLO DE FARINHA DE BABAÇU COM RECHEIO DE LEITE EM PÓ[40]

• 10 porções •

Ingredientes

Para a massa

6 ovos
2 xícaras (chá) de açúcar
1 xícara (chá) de leite
3 xícaras (chá) de farinha de trigo
1 colher (sobremesa) de fermento em pó

Para o recheio

1 xícara (chá) de leite gelado
395 g (1 lata) de leite condensado gelado
200 g de manteiga sem sal gelada
1 colher (sopa) de farinha de coco babaçu
300 g (1 lata) de creme de leite gelado e sem soro
8 colheres (sopa) de leite em pó

Preparo

Massa

1. Na batedeira, bater as gemas com o açúcar até obter um creme homogêneo e esbranquiçado.
2. Juntar o leite e a farinha de trigo e bater bem.
3. Acrescentar a farinha de coco babaçu e o fermento e misturar.
4. Incorporar as claras batidas em neve e misturar sem bater.
5. Numa forma untada com manteiga e polvilhada com farinha de trigo, assar em forno preaquecido a 180 °C por aproximadamente 45 minutos, ou até que o bolo esteja corado e, espetando-o com um palito, este saia limpo de volta.

40. Adaptação da receita original de Ermelinda Borges, apresentada no 7º Festival Gastronômico de Taquaruçu, em 2013. Cf. RECEITAS doces também são destaques em Festival Gastronômico. *G1*, 15 ago. 2013. Disponível em: http://g1.globo.com/to/tocantins/noticia/2013/08/receitas-doces-tambem-sao-destaques-em-festival-gastronomico.html. Acesso em: 27 nov. 2019.

Recheio

1. Na batedeira, juntar o leite, o leite condensado, a manteiga, a farinha de coco babaçu e o creme de leite e bater até obter uma massa homogênea.
2. Adicionar o leite em pó aos poucos, batendo sempre.

Montagem

1. Quando o bolo estiver frio, cortá-lo ao meio no sentido horizontal.
2. Espargir um pouco de leite na metade de baixo para umedecê-la ligeiramente.
3. Espalhar fartamente o recheio sobre uma metade e cobrir com a outra.
4. Cobrir o bolo com o restante do recheio.
5. Se desejar, decorar a superfície do bolo com morangos partidos.
6. Servir gelado.

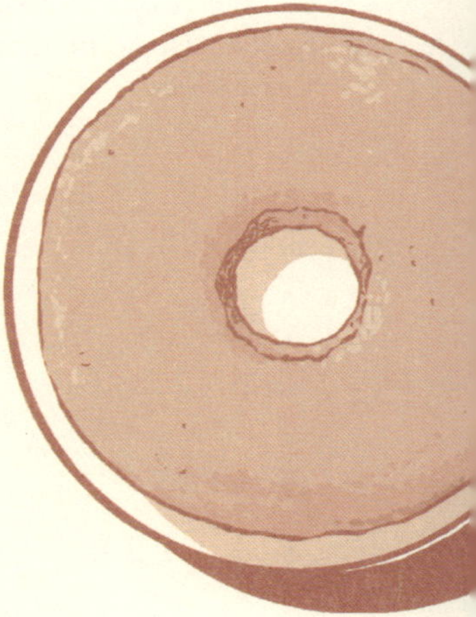

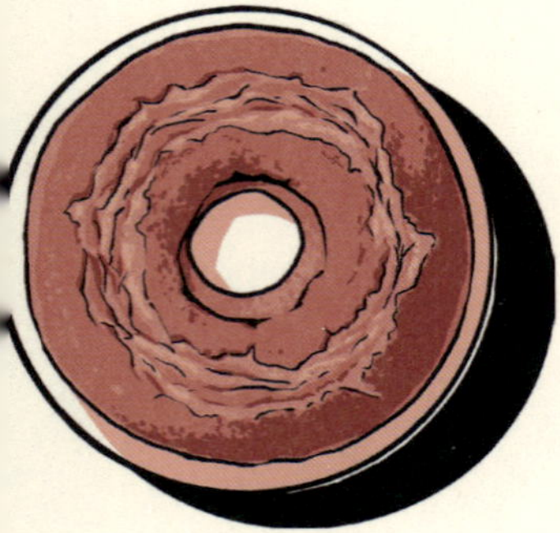

BOLO DE FUBÁ DE ARROZ

• 6 porções •

Ingredientes

2 xícaras (chá) de açúcar
100 g de manteiga
3 ovos
2 xícaras (chá) de fubá de arroz (creme de arroz ou farinha de arroz)
1 xícara (chá) de farinha de trigo
1 pitada de sal
2 xícaras (chá) de leite
1 colher (sopa) de fermento em pó
1 colher (sopa) de sementes de erva-doce

Preparo

1. Na batedeira, juntar o açúcar, a manteiga e os ovos e bater.
2. Acrescentar o fubá de arroz, a farinha de trigo, o sal e o leite e bater até obter uma massa homogênea.
3. Acondicionar a massa em uma vasilha com tampa e deixar descansar por 12 horas na geladeira.
4. Adicionar o fermento em pó e as sementes de erva-doce e misturar sem bater.
5. Numa forma untada com manteiga e polvilhada com farinha de trigo, assar em forno preaquecido a 180 °C por aproximadamente 45 minutos, ou até que o bolo esteja corado e, espetando-o com um palito, este saia limpo de volta.

BOLO DE MANGABA

• 6 porções •

Ingredientes

100 g de manteiga
2 xícaras (chá) de açúcar
4 ovos
1 ½ xícara (chá) de polpa de mangaba
2 ½ xícaras (chá) de farinha de trigo
1 colher (sobremesa) de fermento em pó

Preparo

1. Bater a manteiga com o açúcar até obter um creme homogêneo.
2. Juntar as gemas e bater até que a mistura fique esbranquiçada.
3. Acrescentar aos poucos a polpa de mangaba e a farinha de trigo, alternadamente, sem parar de bater.
4. Adicionar o fermento e misturar.
5. Incorporar as claras batidas e misturar sem bater.
6. Numa forma untada com manteiga e polvilhada com farinha de trigo, assar em forno preaquecido a 180 °C por aproximadamente 45 minutos, ou até que o bolo esteja corado e, espetando-o com um palito, este saia limpo de volta.

BOLO JALAPÃO

• 6 porções •

INGREDIENTES

2 xícaras (chá) de fubá de milho
2 xícaras (chá) de leite
2 xícaras (chá) de açúcar
3 colheres (sopa) de manteiga
4 ovos
1 pitada de sal
1 colher (sobremesa) de fermento em pó
200 g de goiabada cortada em cubos pequenos
1 folha de bananeira escaldada em água fervente, para amaciar, e cortada em quadrados de 20 cm
Tiras de folha de bananeira para amarrar os pacotinhos

PREPARO

1. Deixar o fubá de molho no leite por 1 hora. Reservar.
2. Bater o açúcar com a manteiga até obter um creme homogêneo.
3. Acrescentar o fubá e misturar.
4. Incorporar as claras batidas em neve e depois as gemas.
5. Adicionar o sal, o fermento e a goiabada e misturar à massa sem bater.
6. Colocar uma porção de massa sobre um quadrado de folha de bananeira, cobrir com outro quadrado, fechar e amarrar com a tira. Assar no forno preaquecido a 180 °C por 45 minutos.

SUGESTÃO

Se preferir não usar a folha de bananeira, colocar a massa numa assadeira untada com manteiga e polvilhada com farinha de trigo e assar em forno preaquecido a 180 °C por aproximadamente 45 minutos, ou até que o bolo esteja corado e, espetando-o com um palito, este saia limpo de volta. Depois de frio, cortar o bolo em quadrados.

MANGULÃO
(BOLO DE QUEIJO)

• 8 porções •

Ingredientes

250 g de polvilho doce
100 g de manteiga
3 ovos
125 ml de leite
Sal a gosto
200 g de queijo minas meia cura ralado
1 colher (sopa) de fermento em pó

Preparo

1. Na batedeira, juntar o polvilho, a manteiga, os ovos, o leite e o sal e bater até obter uma massa homogênea.
2. Acrescentar o queijo e o fermento e misturar sem bater.
3. Numa forma untada com manteiga e polvilhada com farinha de trigo, assar em forno preaquecido a 180 °C por aproximadamente 45 minutos, ou até que o bolo esteja corado e, espetando-o com um palito, este saia limpo de volta.
4. Servir quente.

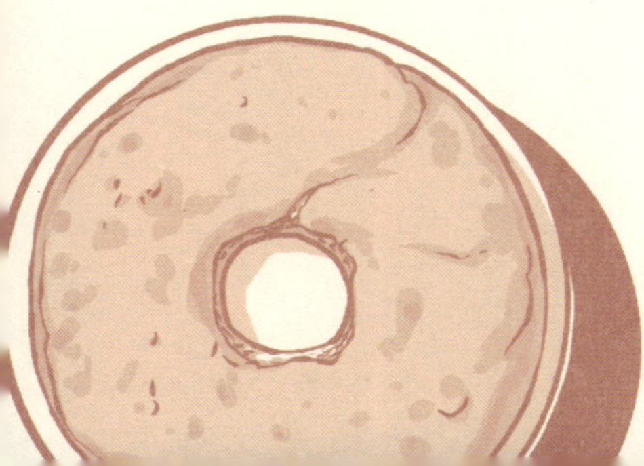

LICORES[41]

41. Bebidas alcoólicas.

LICOR DE BARU

• 1 litro •

Ingredientes

500 g de baru torrado e triturado
500 ml de cachaça branca ou álcool de cereais
500 g de açúcar
500 ml de água

Preparo

1. Colocar o baru em infusão na cachaça ou álcool de cereais, num recipiente de vidro hermeticamente fechado, por 2 semanas, agitando a mistura diariamente.
2. Numa panela, dissolver o açúcar na água e levar ao fogo até levantar fervura. Deixar esfriar e juntar ao recipiente do baru.
3. Fechar o vidro novamente e deixar descansar por 30 dias.
4. Decorrido este tempo, passar a mistura por um filtro de papel, acondicionar numa garrafa e tampar.
5. Deixar descansar por 30 dias antes de servir.

LICOR DE BURITI

• 1 litro •

Ingredientes

500 g de polpa de buriti
500 ml de cachaça branca ou álcool de cereais
500 g de açúcar
500 ml de água

Preparo

1. Colocar a polpa de buriti em infusão na cachaça ou álcool de cereais, num recipiente de vidro hermeticamente fechado, por 2 semanas, agitando a mistura diariamente.
2. Numa panela, dissolver o açúcar na água e levar ao fogo até levantar fervura. Deixar esfriar e juntar ao recipiente do buriti.
3. Fechar o vidro novamente e deixar descansar por 30 dias.
4. Decorrido este tempo, passar a mistura por um filtro de papel, acondicionar numa garrafa e tampar.
5. Deixar descansar por 30 dias antes de servir.

LICOR DE CAGAITA

• 1 litro •

INGREDIENTES

500 g de polpa de cagaita
500 ml de cachaça branca ou álcool de cereais
500 g de açúcar
500 ml de água

PREPARO

1. Colocar a polpa de cagaita em infusão na cachaça ou álcool de cereais, num recipiente de vidro hermeticamente fechado, por 2 semanas, agitando a mistura diariamente.
2. Numa panela, dissolver o açúcar na água e levar ao fogo até levantar fervura. Deixar esfriar e juntar ao recipiente da cagaita.
3. Fechar o vidro novamente e deixar descansar por 30 dias.
4. Decorrido este tempo, passar a mistura por um filtro de papel, acondicionar numa garrafa e tampar.
5. Deixar descansar por 30 dias antes de servir.

LICOR DE CAJU

• 1 litro •

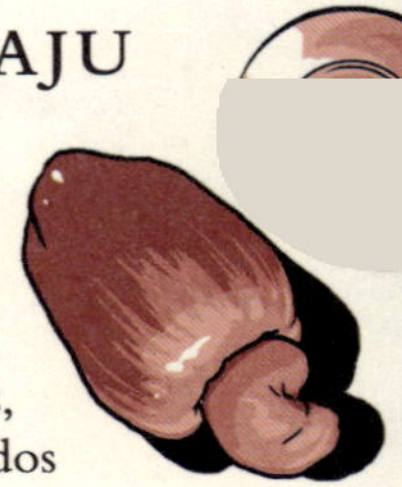

INGREDIENTES

500 g de cajus maduros, sem a castanha, passados num processador
500 ml de cachaça branca ou álcool de cereais
500 g de açúcar
500 ml de água

PREPARO

1. Colocar os cajus em infusão na cachaça ou álcool de cereais, num recipiente de vidro hermeticamente fechado, por 2 semanas, agitando a mistura diariamente.
2. Numa panela, dissolver o açúcar na água e levar ao fogo até levantar fervura. Deixar esfriar e juntar ao recipiente dos cajus.
3. Fechar o vidro novamente e deixar descansar por 30 dias.
4. Decorrido este tempo, passar a mistura por um filtro de papel, acondicionar numa garrafa e tampar.
5. Deixar descansar por 30 dias antes de servir.

LICOR DE JENIPAPO

• 1 litro •

Ingredientes

5 jenipapos descascados e cortados em pedaços pequenos
500 ml de cachaça branca ou álcool de cereais
500 g de açúcar
500 ml de água

Preparo

1. Colocar os jenipapos em infusão na cachaça ou álcool de cereais, num recipiente de vidro hermeticamente fechado, por 2 semanas, agitando a mistura diariamente.
2. Numa panela, dissolver o açúcar na água e levar ao fogo até levantar fervura. Deixar esfriar e juntar ao recipiente dos jenipapos.
3. Fechar o vidro novamente e deixar descansar por 30 dias.
4. Decorrido este tempo, passar a mistura por um filtro de papel, acondicionar numa garrafa e tampar.
5. Deixar descansar por 30 dias antes de servir.

LICOR DE MANGABA

• 1 litro •

Ingredientes

500 g de polpa de mangaba
500 ml de cachaça branca ou álcool de cereais
500 g de açúcar
500 ml de água

Preparo

1. Colocar a polpa de mangaba em infusão na cachaça ou álcool de cereais, num recipiente de vidro hermeticamente fechado, por 2 semanas, agitando a mistura diariamente.
2. Numa panela, dissolver o açúcar na água e levar ao fogo até levantar fervura. Deixar esfriar e juntar ao recipiente da mangaba.
3. Fechar o vidro novamente e deixar descansar por 30 dias.
4. Decorrido este tempo, passar a mistura por um filtro de papel, acondicionar numa garrafa e tampar.
5. Deixar descansar por 30 dias antes de servir.

LICOR DE MURICI

• 1 litro •

Ingredientes

500 g de polpa de murici
500 ml de cachaça branca ou álcool de cereais
500 g de açúcar
500 ml de água

Preparo

1. Colocar a polpa de murici em infusão na cachaça ou álcool de cereais, num recipiente de vidro hermeticamente fechado, por 2 semanas, agitando a mistura diariamente.
2. Numa panela, dissolver o açúcar na água e levar ao fogo até levantar fervura. Deixar esfriar e juntar ao recipiente do murici.
3. Fechar o vidro novamente e deixar descansar por 30 dias.
4. Decorrido este tempo, passar a mistura por um filtro de papel, acondicionar numa garrafa e tampar.
5. Deixar descansar por 30 dias antes de servir.

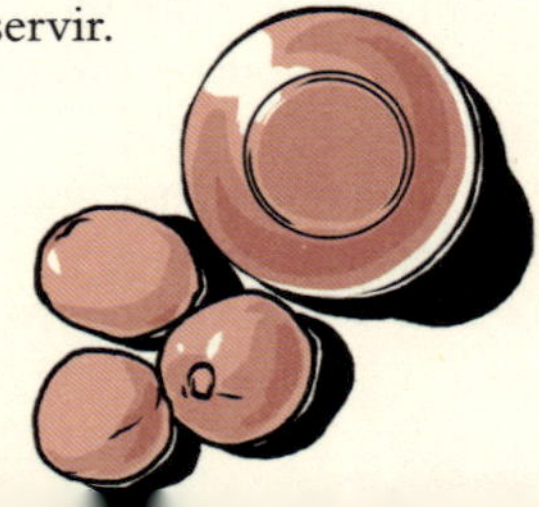

LICOR DE PEQUI

• 1 litro •

Ingredientes

15 pequis descascados
500 ml de cachaça branca ou álcool de cereais
500 g de açúcar
500 ml de água

Preparo

1. Colocar os pequis em infusão na cachaça ou álcool de cereais, num recipiente de vidro hermeticamente fechado, por 2 semanas, agitando a mistura diariamente.
2. Numa panela, dissolver o açúcar na água e levar ao fogo até levantar fervura. Deixar esfriar e juntar ao recipiente dos pequis.
3. Fechar o vidro novamente e deixar descansar por 30 dias.
4. Decorrido este tempo, passar a mistura por um filtro de papel, acondicionar numa garrafa e tampar.
5. Deixar descansar por 30 dias antes de servir.

REFERÊNCIAS

ALMEIDA, Ruth. *Raízes gastronômicas do Tocantins*. Disponível em: <https://online.fliphtml5.com/epoxz/xmep. Acesso> em 01 mai. 2024.

ANJOS, Arielly Polliana Souza dos; FERREIRA, Bianca Dias; ALENCAR, Geórgia Correa; PINTO, Sônia Lopes (org.). *Receitas regionais do Tocantins*. Palmas: EdUFT, 2022.

APRENDA a fazer o arroz maria-isabel com pirarucu, prato campeão em categoria do Festival Gastronômico. *G1*, 13 set. 2019. Disponível em: https://g1.globo.com/to/tocantins/noticia/2019/09/13/aprenda-a-fazer-o-arroz-maria-isabel-com-pirarucu-prato-campeao-em-categoria-do-festival-gastronomico.ghtml. Acesso em: 15 dez. 2019.

APRENDA a fazer uma receita de peixe ao molho assado na telha. *G1*, 4 mar. 2019. Disponível em: https://g1.globo.com/to/tocantins/noticia/2019/03/04/aprenda-a-fazer-uma-receita-de-peixe-ao-molho-assado-na-telha.ghtml. Acesso em: 18 dez. 2019.

APRENDA o passo a passo da receita de arroz com pernil. *G1*, 11 jun. 2017. Disponível em: https://g1.globo.com/to/tocantins/noticia/aprenda-o-passo-a-passo-da-receita-de-arroz-com-pernil.ghtml. Acesso em: 27 nov. 2019.

BACELLAR, Heloisa. *Cozinha brasileira*: histórias e receitas. São Paulo: DBA, 2019.

BLINSTRUB, Igor. Pirarucu com farofa de jambu, redução de tucupi e pupunha assada. *Cheftime*. [20--]. Disponível em: https://www.cheftime.com.br/receita/pirarucu-com-farofa-de-jambu-reducao-de-tucupi-e-pupunha-assada. Acesso em: 15 dez. 2019.

BOSISIO, Arthur (coord.). *Culinária amazônica*: o sabor da natureza. Rio de Janeiro: Senac, 2000.

BOSISIO, Arthur (coord.). *Culinária nordestina*: encontro de mar e sertão. Rio de Janeiro: Senac, 2001.

BOSISIO, Arthur (coord.). *Sabores e cores das Minas Gerais*: a culinária mineira no Hotel Senac Grogotó. Rio de Janeiro: Senac, 1998.

CAMARA CASCUDO, Luis da. *História da alimentação no Brasil*. Belo Horizonte: Itatiaia; São Paulo: Edusp, 1983. 2 v.

CARDOSO, Luís Humberto Mota. Filé de mapará com brócolis ao molho de gengibre. *CyberCook*. [20--]. Disponível em: https://cybercook.com.br/receitas/peixes-e-frutos-do-mar/receita-de-file-de-mapara-com-brocolis-ao-molho-de-gengibre-5125. Acesso em: 6 set. 2020.

CARVALHO, Ana Judith de. *Cozinha típica brasileira*: sertaneja e regional. Rio de Janeiro: Ediouro, 1998.

CARREIRA, Tanâne; DEVILLART, Jupirany. *Sabores de Mato Grosso*. Cuiabá: Studio Press, 2007.

CASTANHO, Thiago. *Cozinha de origem*: pratos brasileiros tradicionais revisitados. São Paulo: Publifolha, 2013.

CERQUEIRA, Tânia das Mercês Nunes. *ColeTânia: receitas tradicionais de Natividade*. Palmas: Governo do Estado do Tocantins, 2022.

CHAVES, Guta; FREIXA, Dolores. *Larousse da cozinha brasileira*: raízes culturais da nossa terra. São Paulo: Larousse do Brasil, 2007.

CONFIRA a receita do pudim crocante de coco babaçu, vencedor do Festival Gastronômico. [201-]. 1 vídeo (3 min.). Disponível em: http://g1.globo.com/to/tocantins/videos/v/confira-a-receita-do-pudim-crocante-de-coco-babacu-vencedor-do-festival-gastronomico/3625672/. Acesso em: 27 nov. 2019.

CORA CORALINA. *Doceira e poeta*. São Paulo: Global, 2009.

DOCEIRO nacional ou arte de fazer toda a qualidade de doces. Rio de Janeiro: H. Garnier, 1883.

DONA Benta: comer bem: 1001 receitas de bons pratos. São Paulo: Nacional, 2004.

DÓRIA, Carlos Alberto; BASTOS, Marcelo Corrêa. *A culinária caipira da Paulistânia*: a história e as receitas de um modo antigo de comer. São Paulo: Três Estrelas, 2018.

ÉLIS, Bernardo. *O tronco*. Rio de Janeiro: José Olympio, 1956.

FERNANDES, Caloca. *A culinária paulista tradicional nos hotéis Senac de São Paulo*. São Paulo: Senac, 1998.

FERNANDES, Caloca. *Viagem gastronômica através do Brasil*. São Paulo: Senac, 2000.

FERRAZ, Flávio. *A culinária do Rio de Janeiro*: da colônia à atualidade. São Paulo: Metalivros, 2017.

FERRAZ, Flávio. *O bolo caseiro no Brasil:* 262 receitas. São Paulo: Metalivros, 2023.

FERRAZ, Nair Junqueira. *Laranjinha da China*: as receitas da tia. Belo Horizonte: Segrac, 2003.

HORTA, Fabrício. Brasil afora: Tocantins: torta de mil recheios. *Chef Fafá*. 21 jul. 2011. Disponível em: http://cheffafa.blogspot.com/2011/07/brasil-afora-tocantins-torta-de-mil.html. Acesso em: 29 nov. 2019.

HOUAISS, Antônio. *Minhas receitas brasileiras*. São Paulo: Art, 1990.

LORENZI, Harri. *Palmeiras no Brasil*: exóticas e nativas. Nova Odessa: Plantarum, 1996.

LORENZI, Harri; LACERDA, Marco Túlio Côrtes; BACHER, Luis Benedito. *Frutas no Brasil*: nativas e exóticas (de consumo *in natura*). São Paulo: Instituto Plantarum de Estudos da Flora, 2015.

MARCELLINI, Rusty; FERRAZ, Rodrigo. *Fartura*: Expedição Brasil Gastronômico. São Paulo: Melhoramentos, 2015. v. 3.

MOQUECA de pirosca com camarão. *Turismo no Tocantins*. [20--]. Disponível em: https://turismonotocantins.com.br/moqueca-de-pirosca-com-camarao/. Acesso em: 29 nov. 2019.

MOQUECA de surubim é receita famosa na praia da Tartaruga. *G1*, 4 ago. 2013. Disponível em: http://g1.globo.com/to/tocantins/noticia/2013/08/aprenda-preparar-famosa-receita-de-moqueca-de-surubim.html. Acesso em: 28 nov. 2019.

MOTOKI, Carolina; ISHII, Selma Yuki. *Livro de receitas do babaçu*. Augustinópolis: APA-TO, 2014.

ORTENCIO, Bariani. *Cozinha goiana*: histórico e receituário. Goiânia: Kelps, 2000.

PANDOLFI, Ricardo. *Amazônia*. São Paulo: Abril Coleções, 2009. (Cozinha regional brasileira, v. 19).

PANDOLFI, Ricardo. *Goiás*. São Paulo: Abril Coleções, 2009. (Cozinha regional brasileira, v. 15).

PEREIRA, Marcos da Veiga (coord.). *A culinária baiana no restaurante do Senac Pelourinho*. Rio de Janeiro: Senac, 1996.

RECEITAS doces também são destaques em Festival Gastronômico. *G1*, 15 ago. 2013. Disponível em: http://g1.globo.com/to/tocantins/noticia/2013/08/receitas-doces-tambem-sao-destaques-em-festival-gastronomico.html. Acesso em: 27 nov. 2019.

SALDANHA, Roberta Malta. *Culinária brasileira, muito prazer*: tradições, ingredientes e 170 receitas de grandes profissionais do país. São Paulo: Alaúde, 2017.

SAMPAIO, A. J. *A alimentação sertaneja e do interior da Amazônia*. São Paulo: Companhia Editora Nacional, 1944.

SANTOS, Lúcia C. *Frutas de doce, doces de frutas*. Rio de Janeiro: F. Briguiet & Cia., 1950.

SILVA, Silvestre (fotografia); TASSARA, Helena (texto). *Frutas Brasil frutas*. São Paulo: Empresa das Artes, 2005.

TRAJANO, Ana Luísa. *Básico*: enciclopédia de receitas do Brasil. São Paulo: Melhoramentos, 2017.

TREVISANI, Bruna. *A cozinha amazônica*. São Paulo: Melhoramentos, 2002.

SITES CONSULTADOS

Brasil channel. Disponível em: www.brasilchannel.com.br. Acesso em: 19 nov. 2019.

Cheftime. Disponível em: www.cheftime.com.br. Acesso em: 15 dez. 2019.

Comida e receitas. Disponível em: www.comidaereceitas.com.br. Acesso em: 17 dez. 2019.

Comidas típicas. Disponível em: comidastipicas.site. Acesso em: 13 nov. 2019.

CyberCook. Disponível em: cybercook.com.br. Acesso em: 6 set. 2020.

Estados e capitais do Brasil. Disponível em: www.estadosecapitaisdobrasil.com. Acesso em: 13 nov. 2019.

Fartura Brasil. Disponível em: www.farturabrasil.com.br. Acesso em: 18 fev. 2020.

As novidades. Disponível em: asnovidades.com.br. Acesso em: 13 nov. 2019.

Overmundo. Disponível em: www.overmundo.com.br. Acesso em: 13 nov. 2019.

Paladar Estadão. Disponível em: paladar.estadao.com.br. Acesso em: 29 nov. 2019.

Receitas típicas. Disponível em: www.receitastipicas.com. Acesso em: 13 nov. 2019.

Típicas. Disponível em: www.tipicas.com.br. Acesso em: 13 nov. 2019.

Turismo Tocantins. Disponível em: turismo.to.gov.br. Acesso em: 13 nov. 2019.

Visite o Brasil. Disponível em: www.visiteobrasil.com.br. Acesso em: 13 nov. 2019.

Dados Internacionais de Catalogação na Publicação (CIP)
(Câmara Brasileira do Livro, SP, Brasil)

Ferraz, Flávio

A culinária do Tocantins / Flávio Ferraz ; ilustração Alice Tassara. – 2. ed. – São Paulo : Metalivros, 2024.

ISBN 978-85-8220-055-1

1. Culinária 2. Gastronomia 3. Receitas 4. Tocantins (TO) - Usos e costumes I. Tassara, Alice. II. Título.

24-227998 CDD-641.5

Índices para catálogo sistemático:

1. Receitas culinárias 641.5

Aline Graziele Benitez - Bibliotecária - CRB-1/3129

Metalivros
Rua Prof. Laerte Ramos de Carvalho, 147 (entrada 133)
01325-030 Bela Vista SP
+55 11 3672.0355
metalivros@metalivros.com.br
www.metalivros.com.br